Südsee

Klaus Viedebantt (Text) · Fred Krüger (Fotos)

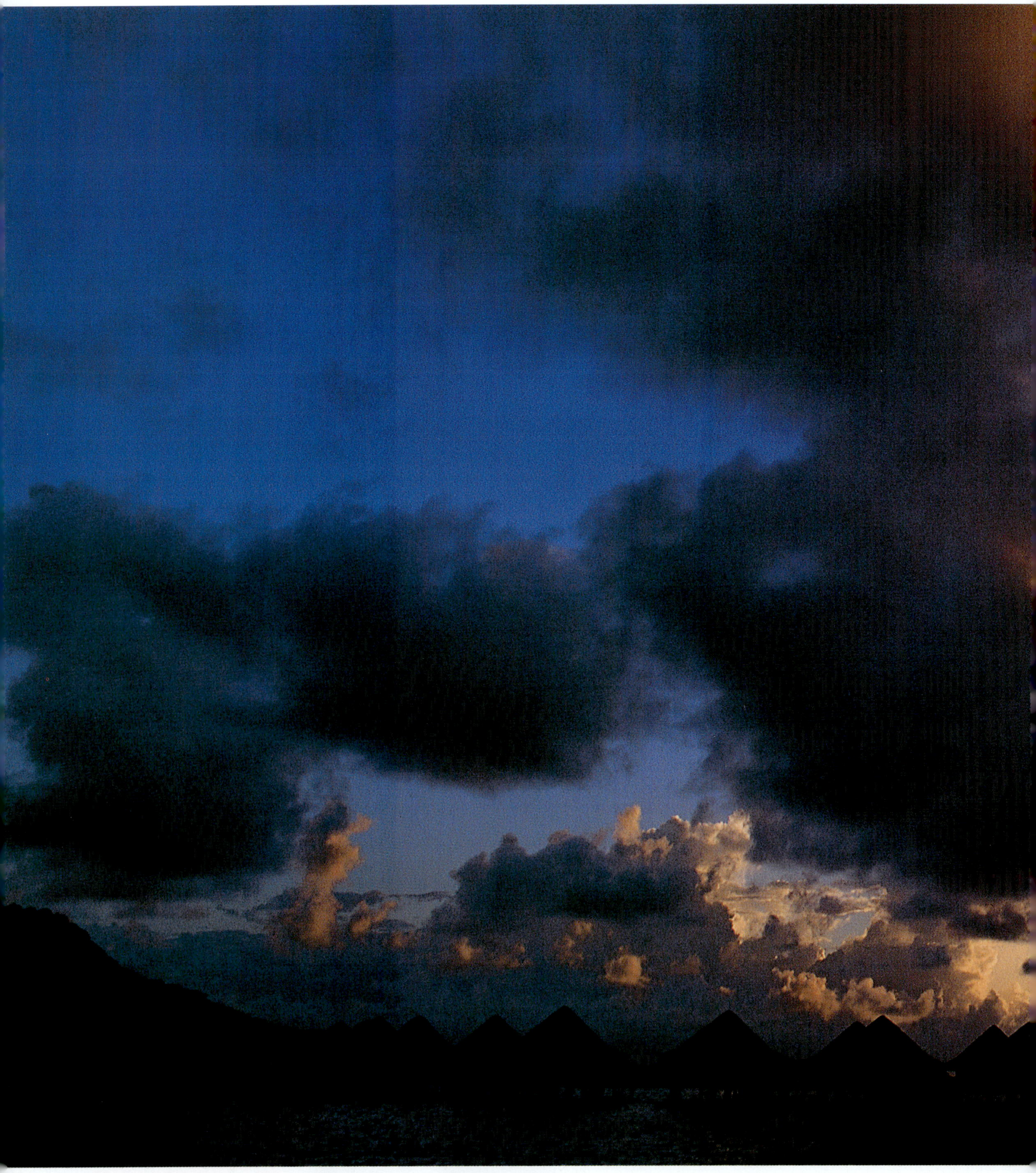

EINLEITUNG

Das Ziel der Träume

Wenn die Sonne hinter den Felsen versinkt und das kristallklare Wasser in der Lagune von Bora Bora direkt [illegible]

Amerikanische Kanonen auf Bora Bora

Blick vom Motu Tufari auf Bora Bora

Facetten der Südsee: Eine zauberhafte Landschaft oberhalb und unterhalb des Wasserspiegels. Eine Region, die aber auch ihren Anteil an den Kriegen und Konflikten der Großmächte hatte. Internationale Wirtschaftshilfe trägt dazu bei, daß auf den rohstoffarmen Inseln, deren Bauern nur kleine Anbauflächen zur Verfügung stehen, die Märkte eine reiche Auswahl bieten. Haupteinnahmequelle ist meist der Tourismus. Er schafft nicht nur Arbeitsplätze in den Strandhotels und Restaurants, dank der beliebten Folkloreprogramme erhält er auch die fast in Vergessenheit geratenen polynesischen Tänze und Traditionen.

Papeetes Markthalle bietet Obst, Gemüse, Stoffe und Hausrat (unten)

Moorea: Touristisch erschlossen ist vor allem die Cook's Bay (unten)

Akteur des »Tiki-Theater« auf Moorea

»Die zauberhaften Inseln und schönen Menschen der Südsee beschäftigen die Gemüter seit Jahrhunderten und regen die Phantasie an. Hier, in der Weite des blauen Ozeans, wird das ersehnte Paradies Wirklichkeit.« So locken die Werbetexter der kleinen Inselstaaten im Südpazifik. Als Fachleute wissen sie, welche Saiten sie zum Klingen bringen müssen: Die Südsee ist gerade für Europäer ein paradiesischer Mythos, und das wirklich seit Jahrhunderten.
Natürlich sind die Inseln mit den verheißungsvoll klingenden Namen in Wirklichkeit kein Paradies. Im Gegenteil, viele sind Problemgebiete ohne Bodenschätze, in denen die Einheimischen mit Armut, Arbeitslosigkeit und mangelnder Gesundheitsvorsorge zu kämpfen haben. Immer wieder zerstören Naturkatastrophen wie Hurrikans die Arbeit von Jahren. Doch diese Schatten werden fast immer ausgeblendet aus den paradiesischen Vorstellungen von sonnenüberstrahlten Palmeninseln in türkisfarbenen Lagunen.

Paradiesischer Mythos, harte Realität

Dieses durchaus auch gerechtfertigte Bild der Südsee ist geschichtlich geprägt. Für die ersten Europäer, die auf den Inseln an Land gingen, müssen diese wirklich eine Art Paradies gewesen sein: Auf Schiffen, die Nußschalen glichen, hatten die Seeleute den größten Ozean der Welt überquert. Wochenlang hatten sie bei oft eisigen Temperaturen den »brüllenden Vierzigern« getrotzt, jener stürmischen und gefährlichen Westwindzone am 40. südlichen Breitengrad, die Segelschiffe einst schnell machte. Viele Seeleute waren erkrankt, manche unterwegs an Skorbut gestorben. Nun fanden sie sich in einem Land wieder, in dem die Natur verschwenderisch wohlschmeckende Früchte wachsen ließ und in dem ein mildes Klima Bekleidung fast überflüssig machte.
Wichtiger aber noch: Die Frauen auf den Inseln begrüßten die Ankömmlinge mit einer Offenheit, die selbst weitgereiste Seemänner noch nie erlebt hatten. Kein Wunder, daß sie sich wirklich wie im Paradies vorkamen. Der erste europäische Besucher Tahitis, der englische Kapitän Samuel Wallis, berichtete: »Die Weiber sind insgesamt hübsch, ja einige derselben ungemein schön. Die Keuschheit scheinen sie eben für keine Tugend zu halten, denn sie ließen sich gewisser persönlicher Gunstbezeugungen wegen nicht nur ganz bereitwillig und öffentlich mit unseren Leuten in einen Handel ein, sondern der Vater selbst brachte seine Tochter und der Bruder seine Schwester zu diesem Ende an den Strand herunter.«

Die »Herren« des Riffs sind die Haie

Der »Faktor Südsee« begann zu wirken, denn weder Wallis noch andere Navigatoren, die ihm folgten, zeigten Empörung ob solch freizügiger Liebe – ein nach europäischen Maßstäben unerhörtes Sexualverhalten, das andernorts als heidnisch und verwerflich gegeißelt worden wäre. Es wird in der Südsee angesichts der Schönheit dieser Frauen als naturgegeben akzeptiert. Mehr noch, es wird sogar verklärt, wie Bougainvilles Tahiti-Bericht beweist: »Die Göttin der Liebe ist hier zugleich die Göttin der Gastfreundschaft; sie hat hier keine Geheimnisse, und jeder Sinnenrausch ist ein Fest für das ganze Volk.«
Seither messen die Europäer die Südseeinseln mit der Elle ihrer Wünsche und Träume, auch wenn heutzutage niemand mehr freie Liebe erwartet. Aber das Bild vom Paradies blieb haften. Die Landschaft ist in Europas Träumen eine prächtige Kulisse. Sie erfüllt die paradiesischen Ansprüche auf Wohlleben und Sorglosigkeit und prägte eine Szenerie, die heute noch einen Wunschbereich materiellen Glücks, zumindest im Tourismus und in den Medien, zuverlässig abdeckt: schöne Frauen, warmes türkisfarbenes Meer, schattenspendende Palmen und weißer Strand.
Die Assoziation von Badestränden mit der Vorstellung irdischer Paradiese ist

ein Produkt unserer Zeit. Die europäischen Entdecker der Südsee hatten anderes im Sinn, wenn sie an den Garten Eden dachten, nämlich Frauen und Nahrung.
Die gebildeten unter ihnen fanden auch eine intellektuelle Erfüllung, hatten sie doch alle ihren Rousseau gelesen. Der französische Philosoph hatte 1750 – mit starkem Echo unter seinen Zeitgenossen – die Tugenden eines natürlichen Lebens gepriesen. Daraus entwickelte sich eine naive »Zurück zur Natur«-Bewegung, die ihren Höhepunkt in einer geistigen Flucht in die Tropen fand. Aus ihr erwuchs wiederum das Bild vom »edlen Wilden«, auch dies eine populäre Verkürzung der Rousseau-Thesen (siehe Seite 98/99). Der auf die eigenen Verhältnisse projizierte Traum von der noblen Wildheit fand viel Widerhall, selbst Goethe fiel diesem Gefühl anheim: »Man sollte oft wünschen, auf einer der Südsee-Inseln als sogenannter Wilder geboren zu seyn, um nur einmal das menschliche Daseyn ohne falschen Beigeschmack, durchaus rein zu genießen.«

Südsee: Heimat des »edlen Wilden«

Der deutsche Dichterfürst ließ seine Südsee-Träume nicht in seine literarischen Werke einfließen, obwohl sich schon zu seiner Zeit eine neue Literaturgattung entwickelte: Südseeromane und -geschichten. Sie erfreuten sich sofort großer Beliebtheit – und daran hat sich bis heute nicht viel geändert. Herman Melville, Friedrich Gerstäcker, Pierre Loti, Jack London, Robert Louis Stevenson, Somerset Maugham und James A. Michener – um nur ein paar renommierte Autoren zu nennen –, sind die Verbreiter einer Botschaft, die auch in Groschenromanen Triumphe feierte. Der Mythos Südsee wirkte fort, daran änderten auch die teilweise sehr realistischen und somit weniger paradiesischen Beschreibungen der seriösen Autoren nichts.
Die Verknüpfung des Südsee-Bildes mit meist verschwommener Kritik an der eigenen Zivilisation beweist auch der anhaltende Verkaufserfolg des »Papalagi«, ein schmales Büchlein, das angeblich die »Reden des Südsee-Häuptlings Tuiavii aus Tiavea« über die Papalagi, die Weißen, wiedergibt. Das 1920 erst-

Westsamoa: An der Cross Island Road auf Upolu stehen einige mächtige Banyan-Bäume

Das »Aggie Grey's« ist eines der bekanntesten Hotels der Südsee

Die Hauptinseln der Südseestaaten sind relativ dicht besiedelt. Die meisten Menschen leben an dem oft schmalen, aber durch Riffe und Lagunen geschützten Küstenstreifen. Auf den »hohen«, durch Vulkane gebildeten Inseln finden sich aber im Landesinneren noch viele einsame Gebiete, die vor allem Wanderer anziehen.

Sonntags sind die Kirchen stets gut gefüllt

Pa, ein Original und Führer auf Rarotonga

mals erschienene Buch war von Anbeginn ein heimlicher Bestseller, wohl auch, weil die Leser glaubten, sie studierten wirklich Weisheiten eines edlen Wilden. »Das Geld allein ist der wahre Gott der Papalagi«, heißt es da, und weiter: »Es gibt Papalagi, die behaupten, sie hätten nie Zeit. Sie laufen kopflos umher, wie vom Teufel Besessene, und wohin sie kommen, machen sie

In der kristallklaren Lagune von Aitutaki

Unheil und Schrecken, weil sie ihre Zeit verloren haben.«
Verfasser war jedoch der Schriftsteller Erich Scheurmann. Renommierte Literaturkritiker fielen auf den Schwindel herein, einer von zahlreichen Beweisen dafür, daß das Zauberwort »Südsee« auch bei großen Geistern die Kritikfähigkeit oder -willigkeit sichtlich vermindert. Zu den wenigen bekannten Dichtern, die dem Zauber nicht verfielen, gehörte der britische Romancier D. H. Lawrence. Er schrieb: »Sie gelten als Paradies auf Erden, diese Südsee-Inseln. Du kannst sie geschenkt haben.« Der Lady Chatterley-Autor blieb die Ausnahme, typischer ist, was sein Landsmann und Dichterkollege Rupert Brooke festhielt: »In der Südsee hat, so scheint es, der Schöpfer einmal zeigen wollen, was er zu leisten vermag.«
Dieser Zauber ist ungebrochen, das beweisen auch die kontinuierlich wachsenden Touristenzahlen. Fast 200 000 Europäer reisen inzwischen jährlich in

Am Muri Beach, einem Prachtstrand der Cook Islands, lernt Rarotongas Nachwuchs Segeln

die Südsee, trotz großer Entfernungen, entsprechend hoher Flugpreise und der oft auch hohen Aufenthaltskosten. Fidschi gewinnt mit etwa 60 Prozent den Löwenanteil an den Besuchern, Tahiti und seine Nachbarinseln kommen auf rund 20, die Cook Islands auf zehn Prozent. Die übrigen Inselstaaten müssen sich die Einnahmen aus den restlichen zehn Prozent teilen.
Dennoch ist für die meisten Staaten der Tourismus die größte Einnahmequelle, denn selbst, wenn die geringen Landflächen den Anbau von Kokospalmen oder Bananen erlauben, sind die Transportwege zu den Märkten in Australien, Asien, Amerika und Europa teuer.

Mini-Staaten in der Weite des Pazifischen Ozeans

Der Pazifik ist mit rund 182 Millionen Quadratkilometern Fläche der mit Abstand größte Ozean; er bedeckt mehr als ein Drittel der Erdoberfläche. In seiner Mitte erstrecken sich die mehr als 2500 Südsee-Inseln über einer Fläche von etwa 70 Millionen Quadratkilometern. Sie werden eingeteilt in drei große ethnisch-kulturell unterschiedliche Archipele: in Polynesien, Melanesien und Mikronesien. Zusammen haben sie eine Landfläche von rund 1,25 Millionen Quadratkilometern, davon nimmt jedoch allein Neuguinea, die zweitgrößte Insel der Welt, fast 772 000 Quadratkilometer ein. Für den Rest bleiben nur bescheidene Landflecken in der Weite des Ozeans.
Auf ihnen wohnen gut 8,5 Millionen Menschen, eingeschlossen die 4,2 Millionen in Papua-Neuguinea und die eine Million auf den Hawaii-Inseln. Alle Ministaaten, ausgenommen die zu Frankreich gehörenden Inseln, haben große wirtschaftliche Probleme und wären ohne Zuschüsse der internationalen Organisationen und der Industriestaaten allesamt bankrott. Sie haben seit Ende des Zweiten Weltkriegs eine Reihe von Vereinigungen gegründet, um ihre Probleme gemeinschaftlich zu lösen. Eine gemeinsame Schiffahrtslinie und die University of the South Pacific mit Abteilungen auf verschiedenen Inseln gehören zu den größten Projekten. Die politisch einflußreichste Institution ist das South Pacific Forum, in dem die Regierungschefs der Inselstaaten regelmäßig zusammenkommen mit ihren Kollegen aus Australien und Neuseeland, den ehemaligen Kolonialmächten.
Beide hatten das koloniale Erbe Großbritanniens angetreten, vor Frankreich einst die führende Nation in der Region. Ihre Vorgänger, die Portugiesen und Holländer, waren nur an den Reichtum verheißenden Gewürzinseln Indonesiens interessiert, die ärmlichen Sandflecken weiter draußen im Pazifik interessierten sie wenig. Die Briten hingegen erkundeten das Terrain planmäßig: Dampier, Wallis, Carteret und vor allem James Cook sind Namen, die für diese Phase stehen. Der Erzrivale Frankreich ist durch Namen wie La Pérouse und Bougainville repräsentiert. Den Forschern folgten rauhe Gesellen, Sandelholzräuber und Walfänger. Mit ihnen kamen aber auch Missionare, die zwar eine medizinische Betreuung schufen, aber auch viele der Inselkulturen als heidnisch verdammten und zerstörten. Heute gelten die Menschen der Südsee als ausgesprochen gläubig.
Nach dem Zweiten Weltkrieg wurden fast alle Kolonien selbständige Staaten. Im Kalten Krieg konnten sie ihre strategische Lage nutzen, um stattliche Summen als Fördergelder einzustreichen. Diese Möglichkeit ist mit dem Zusammenbruch des Sowjetreichs dahin. So setzen jetzt fast alle Südseeländer wirtschaftlich auf den Tourismus. Glücklicherweise ist die Gefahr von Bettenburgen und betonierten Strandzonen in der Südsee gering: Die abgelegenen Inseln eignen sich nicht für den Massentourismus. Auf ihnen wird zwar ebensowenig wie anderswo das ersehnte Paradies zur Wirklichkeit. Aber die Gemüter beschäftigen und die Phantasie anregen werden die Inseln noch lange.

Der Palast des Königs von Tonga

Aus den Lavaflanken des Ráno-Raráku-Kraters schlugen die Osterinsulaner einst ihre Moai

Das »Markenzeichen« der Osterinsel sind die Moai

Sigatoka-Tal auf Viti Levu (unten)

Auf Vatulele wird aus Baumrinde Tapa-Stoff hergestellt (unten)

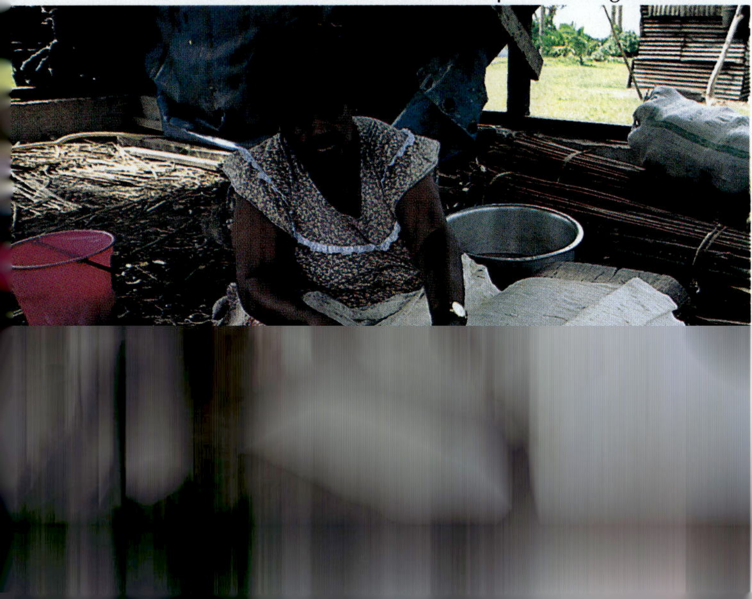

Die Staatsformen im Südpazifik sind so unterschiedlich wie die Geschichte dieser Inselstaaten. Tonga ist zum Beispiel das letzte Königreich der Region, Fidschi eine Republik, die Osterinsel mit den geheimnisvollen Moai seit 1888 ein Teil des südamerikanischen Chile.

Tänzer auf Fidschis Hauptinsel Viti Levu

TAHITI »Savoir-vivre« in der Südsee

Französische Lebensart mitten im Pazifik – das bietet Tahiti, die größte und wichtigste Insel Französisch-Polynesiens (Foto: Hochzeitsgesellschaft in Punaauia)

Auf alten Karten trägt die bekannteste Insel der Südsee noch den Namen Otaheite. So hat ihn James Cook 1769 notiert. Er konnte nicht wissen, daß in der polynesischen Sprache ein vorgesetztes »o« bedeutet: Das ist. Der Rest ist englische Schreibweise: Das ist Tahiti. Aber auch dies war nur eine Kurzform des richtigen Namens, er lautet: Tahiti-nui-i-te-vai-uri-rau. Übersetzt: »großes Tahiti der vielfarbigen Wasser« – ein Tribut an die Wasserfälle im Inselinneren, in deren Gischt sich kleine funkelnde Regenbogen bilden, aber auch an die grünen und blauen Farbtöne, die das Meer vor und hinter dem Korallenriff rings um die Insel bildet.
Tahiti Nui wird heute nur noch für den größeren Teil der aus zwei fast kreisrunden Landflächen gebildeten Insel benutzt, der kleinere Teil wird Tahiti Iti genannt, kleines Tahiti. Die rundliche Form der beiden durch eine Landenge verbundenen Inseln ist kein Zufall: Beide sind vor etwa einer Million Jahren aus Vulkanen entstanden, deren Lava kreisförmig zur See hinabfloß. Die Lavaströme verbanden auch die einst getrennten Inselteile.

Tropisch wuchernde Natur, erloschene Vulkane: Tahiti

Auf Tahiti Iti prägt ein 1332 Meter hoher Kegel die Landschaft, auf Tahiti Nui gibt es vier Vulkane, deren höchster, der Orohena, bis 2241 Meter aufragt. Das Innere Tahitis ist tropisch überwuchert und größtenteils unzugänglich. Gut erschlossen ist hingegen die Küstenzone von Tahiti Nui.
Einst stand Tahitis Name als Synonym für die gesamte Südsee. Heute ist es ein Begriff für ganz Französisch-Polynesien, weil es die größte Insel von Polynésie Française ist. Tahiti bleibt das Ziel starker Landflucht von den anderen Inseln. In der Hauptstadt Papeete leben rund 80 000, auf Tahiti etwa 140 000 der 210 000 Französisch-Polynesier. Sie sind Bürger eines französischen Überseeterritoriums mit innerer Autonomie. Die Territorialversammlung wählt den Präsidenten des Territoriums, Frankreich wird von einem Hochkommissar vertreten. Er ist sehr einflußreich, weil Französisch-Polynesien weitgehend von Geld aus Paris lebt. Deshalb ist auch die Mehrheit der Polynesier weiterhin für den Erhalt des Status quo.

Das neue Rathaus von Papeete ist architektonisch dem früheren Kolonialbaustil angeglichen

Straßencafés: französische Lebensart in der Südsee

Mit rund 80 000 Einwohnern ist Papeete, die Hauptstadt von Französisch-Polynesien, die größte Stadt zwischen Neuseeland und Südamerika. Sie und ihre Insel Tahiti bieten den höchsten Lebensstandard der Region, den sie vor allem den gutbezahlten Militärs und Technikern zu verdanken haben.

Immer an der Hafenbucht entlang führt der Boulevard Pomare

Der mächtige Gummibaum ist ein Wahrzeichen der Inselhauptstadt (unten)

Luxusyachten und Bananendampfer sind gleichermaßen heimisch in Papeetes Hafen (unten)

Das Geld aus Frankreich wurde in der Vergangenheit hauptsächlich für das Militär und die Atomwaffentests ausgegeben, zum Teil aber auch zum Ausgleich von Tahitis Staatshaushalt genutzt. Der größte Teil der Einnahmen der Territorialregierung stammt aus Einfuhrzöllen und Konsumsteuern. Das macht Französisch-Polynesien zu einem der teuersten Reiseziele der Welt.

Nachtleben am Boulevard Pomare

Es ist offen, was aus Tahitis Wirtschaft wird, wenn Paris, wie angekündigt, wirklich seine Atomversuche auf Muroroa – und damit die üppigen Subventionen – einstellt, Kasernen und Häfen schließt sowie tausende von gut verdienenden Soldaten und Wissenschaftlern nach Hause schickt. Von den anderen Einnahmequellen, hauptsächlich Perlen und Tourismus, können die Inseln ihren hohen Lebensstandard nicht halten.

Frankreichs Militär brachte Wohlstand nach Papeete

Dieser Standard wird vor allem in Papeete spürbar, eine vom Verkehr durchtoste Stadt, die an der Hafenbucht entstand, weil sich hier die ersten Missionare niederließen. Darauf verlegte auch Königin Pomare IV. ihren Sitz hierhin. Die Familie Pomare war dank europäischer Hilfe an die Macht über ganz Tahiti gelangt.
Als Wallis, Bougainville und Cook zwischen 1767 und 1769 im Jahresabstand vor Tahiti ankerten, wurde die Insel noch von mehreren Häuptlingen regiert. Wallis nahm die Insel für Großbritannien in Besitz; Bougainville wußte davon nichts, als er Tahiti ein Jahr darauf für Paris reklamierte. Auch als

Captain Bligh mit der »Bounty« 1788 hier vor Anker ging, gab es noch keinen Inselkönig.

Als die Mannschaft nach der berühmtesten Meuterei der Seegeschichte ohne ihren Kapitän nach Tahiti zurückkehrte (siehe Seite 100/101), verdingten sich einige Meuterer als Söldner bei Häuptling Pomare. An seinem Küstenabschnitt machten die meisten europäischen Schiffe fest. Das verschaffte ihm genug Geld für Waffen und Söldner, mit ihnen überwand er seine Rivalen und übernahm als Pomare I. die Herrschaft. Der König hielt engen Kontakt zu den Protestanten der London Missionary Society, deshalb wurden Frankreichs katholische Missionare ausgewiesen. Die Franzosen setzten daraufhin Kriegsschiffe in Marsch, Tahitis Bitte um Hilfe blieb aus London unbeantwortet. Mit einigen Finessen sicherte sich Frankreichs Militär die Herrschaft über die Inseln, ein Aufstand wurde blutig niedergeschlagen.

Der letzte Herrscher, Pomare V., im Gegensatz zu seiner tüchtigen Mutter, Pomare IV., ein Schwächling, verkaufte schließlich sein Reich für eine hohe Jahrespension an Frankreich. Nahe der Hauptstadt ist der Monarch am Meer begraben. Pomare V. starb 1891 im Alter von 52 Jahren an den Folgen seiner Trunksucht.

Keine Chance für eine Unabhängigkeitsbewegung

Das Militär hatte seither stets das Sagen. Besonders deutlich wurde das 1963, als Frankreich seine Atomanlagen in Algerien abbauen mußte und nach Polynesien umzog. Damals protestierten alle Parteien Tahitis, General de Gaulle ließ sie daraufhin verbieten. Seither geht Frankreich gegen Opposition auf den Inseln rigoros vor. Ein Beispiel ist Pouvanaa a Oopa, der 1949 als erster Polynesier in den französischen Senat gewählt, aber mehrfach verbannt oder inhaftiert wurde, weil er sich für die Unabhängigkeit der Inseln eingesetzt hatte. Jetzt erinnert ein Denkmal vor dem Parlament in Papeete an ihn.

Das Parlament ist zwar architektonisch wenig interessant, fehlt aber dennoch auf keiner Besichtigungstour. Papeete strotzt nicht gerade vor Sehenswürdigkeiten. Den alten, in vielen Reisebeschreibungen gelobten Charme eines

Götterstatuen im Marae von Arahurahu

Das Gauguin-Museum verfügt nur über Gemälde-Kopien

Von Französisch-Polynesien aus brachen die Ureinwohner auf zu ihren Reisen nach Hawaii und Neuseeland. In schlichten Kanus meisterten sie Tausende von Kilometern. Später kehrten sie zu ihren Ausgangsorten zurück. So entwickelten sich die Marquesas und Gesellschaftsinseln zu Zentren der polynesischen Kultur, die sich heute in den Museen widerspiegelt.

Tropische Pflanzen aus vier Erdteilen gedeihen im Botanischen Garten

Marae Arahurahu: Von den vielen polynesischen Tempeln blieben nur die Plattformen

Eine der besten polynesischen Sammlungen präsentiert das Musée de Tahiti et des Iles

Südseehafens hat die Stadt verloren. Heute ist sie viel eher eine Mischung aus Verwaltungszentrum und Garnison. Doch auf einem Spaziergang durch den Bougainville Park, über den Boulevard Pomare oder durch die Markthalle kann man noch etwas von der Anziehungskraft erahnen, die Papeete einst ausübte.

Im Park genießen die Einheimischen noch das polynesische Zeitmaß, dessen Takt eher von Tagen als von Stunden oder gar Minuten vorgegeben wird. Und jenseits der boutiquen- und bistrogesäumten Promenade, an den Hafen-

Traditionelle Hütte im Westen Tahitis

stegen, dümpeln die Boote zahlreicher Yachties, die ihren Frust über die einst unter Seglern klangvolle, aber heute wenig ansprechende »Königin der Südsee« mit ausgedehnten Bordpartys bekämpfen.

Pralles, trubeliges Südseeleben bietet noch der Markt, wo nicht nur Bananenstauden und Tarobündel, sondern auch Stoffballen in kräftiger Farbenpracht gestapelt liegen. Fingerfertig, aber in gemächlichem Tempo fädeln drei Damen Blüten auf zu Leis, den duftenden Blumenkränzen, mit denen man ankommende oder abreisende Freunde schmückt. Zwei Stände weiter reihen drei andere Damen Muscheln zu dauerhafteren Leis aneinander. Nebenan hat ein Verkäufer seine Schnitzarbeiten beiseite geschoben und sein Haupt zu einem Nickerchen auf dem Tresen gebettet. Er wird den Feierabend wohl nicht verschlafen, denn Marktschluß ist in Papeete erst am frühen Abend.

Angelplatz mit Aussicht auf Moorea

Leuchtturm am Pointe Venus

Land ist in der fast grenzenlosen Weite eines Ozeans nur dann von Wert, wenn es auch über Süßwasser verfügt. Tahiti, an dessen bis zu 2241 Meter hohen Bergen sich viele Wolken abregnen, ist reich gesegnet mit dem lebensspendenden Naß. Deshalb – und nicht nur wegen der zuvorkommenden Tahitianerinnen – waren auch die ersten Europäer von der üppig grünen Insel sehr angetan. Bäche und Wasserfälle ließen damals die nahrhaften Brotfruchtbäume und Tarowurzeln gedeihen. Heute sind es eher tropische Früchte, die in den Hotels gefragt sind.

Pointe Venus: beliebter Badestrand aus schwarzem Vulkansand (unten)

Am Abend trainieren die Insulaner mit Auslegerkanus (unten)

Dann allerdings brodelt es vor dem schmucklosen Gebäude, denn in der Straße vor dem Markt starten »Les Trucks« zu Tahitis Dörfern. Diese zu Bussen umgebauten, vom Tropenwind durchfächerten Lastwagen sind nicht nur das gängige Verkehrsmittel, sondern auch ein sicherer Weg, mit den Einheimischen in wahrhaft unmittelbaren Kontakt zu kommen.

In den Trucks, die am Wochenende zum Pointe Venus unterwegs sind, ist es besonders eng, denn die Badebucht von Matavai mit dem tiefschwarzen Sand ist ein beliebtes Picknick-Ziel. Und da die stämmigen Polynesier auch stramme Esser sind, balancieren die Eltern nebst diversen Kindern auch voluminöse Eßkörbe auf ihren Knien.

Pointe Venus: Badebucht und Picknickplatz

Schon James Cook, der in dieser Bucht vor Anker lag, war beeindruckt vom Appetit seiner Gastgeber. Der britische Navigator beobachtete 1769 an der Stelle, auf der später ein Leuchtturm errichtet wurde, wie Erde, Venus und Sonne in einer Linie standen. Eine wissenschaftliche Arbeit, wie sie die Royal Society in London erbeten hatte – ihr zu Ehren gab Cook dem Archipel seinen Namen: Society Islands.

Die Venus-Beobachtung war ein guter Vorwand, Cook in die Südsee zu entsenden – nach dem Ereignis öffnete der Kapitän einen versiegelten Geheimbefehl: Die Suche nach dem sagenhaften Südkontinent war der eigentliche Auftrag dieser Mission. Das gelang ihm denn ja auch einige Wochen später mit der Landung an der australischen Ostküste.

Schon damals galt Tahiti als irdisches Paradies. Prominente Schriftsteller gingen deshalb in den folgenden Jahren auf die lange und beschwerliche Reise. Der berühmteste unter ihnen war wohl »Schatzinsel«-Autor Robert Louis Stevenson, dessen Luxusyacht »Casco« 1888 vor dem abgelegenen Tautira in Tahiti Iti ankerte. Der Poet wähnte sich »im Garten Eden«, die Dorfbewohner verabschiedeten ihn nach gut sechs Wochen unter Tränen. So groß die Zuneigung zu Tahiti auch war, Stevenson nutzte die Insel ebensowenig als Schauplatz eines größeren Werkes wie all die anderen Autoren, die hier an Land gingen. Das gilt auch für den amerikanischen Western- und Bestsellerautor Zane Grey, der 1930 an der Südküste von Tahiti Iti sogar mehrere Fertighäuser errichtete.

Was die Dichter nicht schufen, hinterließ ein Maler: Einige der berühmtesten Bilder von Paul Gauguin entstanden in Französisch-Polynesien. In dem kleinen Museum nahe der »Taille« zwischen beiden Inselteilen sind jedoch nur Kopien zu sehen. Ein echter Gauguin wäre heute viel zu teuer für Tahiti. Damals, als er auf Tahiti lebte, hätte ihm wohl kaum jemand im kolonialen Establishment ein Bild abgekauft, auch nicht für ein paar Francs. Gauguin, ein Ausbeuter seiner minderjährigen polynesischen Liebschaften und auch ansonsten kein angenehmer Zeitgenosse, war zumindest unter seinen Landsleuten herzlich unbeliebt.

Eingang zu Tahitis Lagoonarium in Punaauia

Paul Gauguin – Tahitis bedeutendster »Botschafter«

Der Künstler, der für seine Besessenheit seine Familie in Frankreich und seinen bürgerlichen Beruf aufgegeben hatte, durchlebte zwei Perioden auf Tahiti und eine auf den Marquesas-Inseln: Ab 1891 wohnte er für drei Jahre in Mataiea, ab 1895 für sechs weitere Jahre in Punaauia, doch auf seiner dritten Reise in die Südsee wollte er von Tahiti nichts mehr wissen. 1901 ließ er sich auf dem abgelegenen Hiva Oa, das zu den Marquesas gehört, in der beschaulichen Inselhauptstadt Atuona nieder. Dort starb er 1903, von Syphilis gezeichnet und verspottet von Kolonialbürokraten, deren Nachfahren den Maler heute als den »bedeutendsten Botschafter Tahitis« preisen.

REISE-INFO
TAHITI

Karte: Seite 112/113, Planquadrat D 7. Die Insel ist etwa 1042 qkm groß.

Anreise: Der internationale Flughafen liegt bei Faaa, einem Vorort der Hauptstadt Papeete. Er wird von Qantas, Air New Zealand, Ansett New Zealand, LanChile, Hawaiian Airlines und Air Caledonie International angeflogen. Air France sowie AOM und Corsair bieten Direktverbindungen von Paris nach Papeete an.

Lokale Verkehrsmittel: Tahiti hat ein vergleichsweise gutes Verkehrssystem, dank »Le Truck«, wie die Kleinbusse genannt werden. Sie fahren in alle Inselorte, ihr Startplatz ist am Markt in Papeete. Mietwagen sind eine bequeme Alternative, Taxis recht teuer.

Unterkunft: Die besten Hotels von Papeete liegen weit außerhalb der Stadt. Das stufenartig in einen Hang gebaute sehr teure »Hyatt Regency Tahiti« (Tel. 0 06 89/42 12 34, Fax 48 25 44) bietet in Arue, östlich der Stadt, einen schönen Blick über die Küste bis zur Nachbarinsel Moorea. Das »Le Mandarin« an der Rue Colette (Tel. 42 16 33, Fax 42 16 32) ist ein empfehlenswertes Mittelklassehotel in der Stadt. Relativ preiswert ist das einfache, aber günstig am Boulevard Pomare gelegene Hotel »Prince Hinoi« (Tel. 42 32 77, Fax 42 33 66).

Sehenswürdigkeiten Papeete: Mit den wenigen Attraktionen von Papeete kann man sich auf einem kurzen Rundgang vertraut machen. Ausgangspunkt ist der Boulevard Pomare am Hafenkai, gegenüber liegt der Bougainville Park mit einem historischen Schmuckstück: einer Kanone des »Seeadlers«, jenes legendären Seglers und Hilfskreuzers, mit dem Graf Luckner im Ersten Weltkrieg in der Südsee auf Kaperfahrt war. Das architektonisch attraktivste Gebäude der Stadt ist ihr Rathaus in der Rue Paul Gauguin, ein Nachbau des zerstörten Palastes von Königin Pomare IV. Besuchenswert, wenn auch nicht aus baulichen Gründen, ist der Markt in der Rue du 22 Septembre, wo nicht nur Lebensmittel, sondern auch Kunsthandwerk verkauft werden.

Sehenswürdigkeiten Insel: Papeete ist der Kilometer Null auf der Straße rund um Tahiti Nui. Fast alle Sehenswürdigkeiten liegen, im Uhrzeigersinn aufgezählt, an der Rundstrecke: Das Grab von Pomare V. (1879), die schwarzsandige Badebucht und das kleine Entdekker-Museum am Pointe Venus, die Wasserfälle des Tuaru-Flusses fünf Kilometer landeinwärts und, bei Kilometer 22, die Blowholes, wo die Wellen durch Risse im Fels zu Fontänen hochgepreßt werden.

Die Südroute ist bereits erreicht, wenn ein Schild zum Botanischen Garten und zum Gauguin-Museum weist (Tel. 57 10 58, tgl. 9–17 Uhr). In dem 137 Hektar großen Park wachsen Pflanzen aus aller Welt; das Museum zeigt zwar nur Reproduktionen von Gauguin-Gemälden, schildert aber gut die polynesischen Jahre des Malers. Nahe beim Golfplatz liegen am Meer die Reste eines Tempelfundaments, das James Cook einst als 14 Meter hohe Anlage beschrieb. Rund 15 Kilometer vor Papeete bietet das Musée de Tahiti et des Iles, eine gute Sammlung zur Geschichte und Kultur Französisch-Polynesiens (Tel. 58 34 76, Di–So 9.30–17.30 Uhr). In Punaauia befindet sich auch das Lagoonarium, ein Unterwasser-Observatorium (Tel. 43 62 90, tgl. 9–17 Uhr).

Ausflüge: An der Nordküste führen mehrere Pfade in das bergige Landesinnere. Der Wanderweg durch das Papenoo-Tal ist der einzige, der quer über Tahiti Nui führt. An seiner Route liegt auch der einzige See Tahitis, der Lac Vaihine. Auf Tahiti Iti kann man bei Tautira den schmaleren Inselteil zu Fuß durchwandern.

Einkäufe: Die Hauptstadt Papeete bietet die besten Einkaufsmöglichkeiten. Besonderheiten sind die schwarzen Perlen aus Manihi und die feinen Holzschnitzarbeiten von den Marquesas.

Ausgehen: Die Küche ist französisch geprägt, beliebt sind aber auch polynesische Spezialitäten. Die beste französische Küche serviert das teure »La Corbeille d'Eau« (Boulevard Pomare, Tel. 43 77 14). Eine der bekanntesten Adressen ist das »Acajou« (Tel. 42 78 58) am Boulevard Pomare. Preisliche Mittelklasse ist das »Royal Kikiriri« (Rue Colette Papeete, Tel. 43 68 64) mit chinesisch-tahitianischer Küche. Preislich am günstigsten sind die »Roulottes«, motorisierte Imbißwagen mit überwiegend chinesischen Gerichten.

Wer abends ausgehen will, hat eine breite Auswahl. Die Inseljugend kann zwischen einem Dutzend Diskos wählen, etwa »Le 106« am Boulevard Pomare oder »Le Surf« im Vaima Centre. Ganz auf Touristen abgestellt sind die folkloristischen Tanzvorführungen, die regelmäßig in den großen Hotels stattfinden.

Veranstaltungen: Das Hauptfest ist der französische Nationalfeiertag am 14. Juli. Er ist Höhe- und Endpunkt der Heiva a Tahiti, ein meist dreiwöchiges polynesisches Kunst- und Kulturfestival mit Paraden, Sportwettbewerben und Ausstellungen. Ende Januar/Anfang Februar feiert Tahiti mit seinen chinesischen Bürgern Neujahr, am 5. März wird der Ankunft der ersten Missionare gedacht, am 8. September wird die innere Autonomie gefeiert, und am 1. Dezember ist Tiare-Tahiti-Tag, an dem die Stadt mit Tiareblüten geschmückt ist.

Information: Office de Promotion et d'Animation Touristique de Tahiti et des Iles (Opatti), Boulevard Pomare, B.P. 65, Tel. 0 06 89/42 96 26, Fax 436719.

Raffaello – ganz ohne Schokolade:
zartes Kokos, weiße Mandel,
leicht geschlagene Milchcreme –
höchster Genuß auf leichte Art.
Raffaello – als ob
der Sommer nie zu Ende geht.
Ferrero
Raffaello

FRANZÖSISCH-POLYNESIEN

Perlen im Pazifik

Im 19. Jahrhundert nahm Frankreich Ost-Polynesien als Kolonie in Besitz – und dabei ist es bis heute geblieben. Einige Inseln gehören zum schönsten, was die

Pai war ein polynesischer Halbgott und unendlich stark. Als Geistergesindel den Mount Rotui auf Moorea stehlen wollte, griff Pai auf Tahiti zum Speer und schleuderte ihn über die 17 Kilometer breite Meeresstraße hinweg. Sein Wurf hatte solche Wucht, daß der Speer durch den Mount Mouaputa drang und ein Loch hinterließ. So die Legende.
Die Wissenschaft weiß: Die Erosion, die Kraft von Wind und Regenwasser, hat nicht nur das Loch geschaffen, sie hat in Jahrtausenden auch Mooreas Berge in der Höhe halbiert. Jetzt ist der Mount Tohirea noch 1207, der Rotui 899, der Mouaroa 880 und der Mouaputa 830 Meter hoch. Aber das reicht immer noch, um Tahitis Nachbarn eine attraktive Silhouette zu geben. Auf Moorea hat die Erosion aus dem erloschenen Vulkan bizarre Bergspitzen geformt, die aus einem tropischen Busch ragen. Zwei tief in die Nordküste reichende Buchten verstärken den Reiz.

Moorea: zauberhaftes Werk der Götter und Geister

Moorea ist nach Tahiti die meistbesuchte Insel Französisch-Polynesiens, mitgezählt sind die vielen Tagesbesucher, die mit Katamaranen in 50 Minuten von Papeete übersetzen. Moorea und Tahiti gehören zu den Gesellschaftsinseln, diese bilden mit dem ausgedehnten Tuamotu-Archipel, den Marquesas, den Gambier-Inseln und den Austral-Inseln Frankreichs Besitzungen in Ost-Polynesien. Das summiert sich zu 118 Inseln und Atollen und einer Landfläche von knapp 4000 Quadratkilometern, die sich über mehr als vier Millionen Quadratkilometer Ozean verteilen.
Da Moorea mit weißen Sandstränden, weniger Verkehr und – noch zumindest – weniger Kriminalität gesegnet ist, läuft es Tahiti touristisch allmählich den Rang ab. Es gibt jetzt bereits mehr Luxushotels auf Moorea als auf dem viel größeren Tahiti. Die Hotels konzentrieren sich auf die Nord- und die Westküste. Der Tourismus ist folglich auch die Haupteinnahmequelle, aber anders als auf Tahiti spielt auf Moorea die Landwirtschaft noch eine wichtige Rolle. Angebaut werden vornehmlich Ananas, Bananen und Vanille.
Die Insel ist von einer etwa 60 Kilometer langen Ringstraße umschlossen, was vor allem Filmgesellschaften schätzen.

Bora Bora: farbenprächtige Perle der Südsee

Am Strand von Matira im Süden der Insel

Bereits in den zwanziger Jahren wurden die ersten Spielfilme auf Bora Bora gedreht. Populär wurde die Insel mit ihrer farbenprächtigen Lagune allerdings erst, nachdem die Amerikaner dort im Zweiten Weltkrieg eine Fliegerbasis angelegt hatten. Unter den heimkehrenden Soldaten war auch der Schriftsteller James A. Michener. Er rühmte später die Schönheit der Insel in seinen Büchern.

Erkundungsfahrt durch die glasklare Lagune

Faszination auch unter Wasser: Bora Bora bietet gute Schnorchelreviere

So kommen sie mit ihrer Ausrüstung bequem an die Cook-Bucht, in der schon mehrere Südseefilme entstanden. In der Bucht ging 1774 James Cook als erster Europäer an Land. 1805 folgten die Männer der London Missionary Society, die auf Moorea ihr Hauptquartier etablierten. Dort gelang ihnen auch eine wichtige Bekehrung: König Pomare II. trat zum protestantischen Glauben

Luxushotel im Hüttenstil: »Sofitel Marara«

über. Die 1811 erbaute achteckige Kirche vor Papetoai an der Opunohu-Bucht erinnert an die Taufe des Herrschers. Danach gab es auch die gelegentlichen Menschenopfer nicht mehr. Aber die neuen Seelenhirten sorgten – zum Kummer heutiger Archäologen – auch dafür, daß die alten Tempelterrassen zerstört wurden. Gerade auf Moorea gab es zahlreiche dieser Maraes, von denen einige allerdings vorzüglich restauriert wurden. Diese den Göttern geweihten treppenförmigen Bauwerke sind eines der charakteristischen Merkmale polynesischer Kultur auf den Gesellschaftsinseln. Hier nahmen die Großfamilien bei wichtigen Feiern Kontakt mit den Göttern auf.

Auf den größten Anlagen, den Marae Ari'i, wurden Opfer gebracht: Speisen, Tiere und manchmal auch Menschen. Hier wurden die Ari'i eingesetzt, Häuptlinge, die ihre Abstammung von den Göttern ableiteten. Die Maraes dienten allerdings nicht nur als Kultstätten, sie dokumentierten auch Landrechte und den Rang von Familien. Doch was sich auf diesen Plätzen genau abspielte, läßt sich nicht mehr rekon-

 struieren, denn mit der Ankunft der Weißen verschwanden die Rituale.
An Maraes mangelt es auch dem zweiten Juwel Französisch-Polynesiens, Bora Bora, nicht. An allen Küsten finden sich mehr oder minder gut erhaltene Kultplattformen; eine Besonderheit ist der Marae Fare Opu, bei dem sich Steine mit eingeritzten Schildkröten finden. Auf Touristen wird man bei den Maraes selten stoßen, obschon es von ihnen auf Bora Bora reichlich viele gibt. Keine Insel der Südsee ist derart vom Tourismus übernommen worden wie das ob seiner Schönheit weltweit berühmte, nur 30 Quadratkilometer große Eiland. Die beiden Inseltypen des Südpazifik, die »hohen« Vulkaninseln und die flachen Sandinseln auf dem Riff, vereinigen sich hier zu einem betörenden Ensemble.
In der Mitte ragen zwei Berge aus dem grünen Urwald, der 649 Meter hohe Pahia und der 727 Meter messende Otemanu, ein Basaltklotz mit senkrechten Wänden, die allerdings so leicht zerbröckeln, daß der Berg nicht bestiegen werden kann. Die Insel ist sehr buchtenreich, deshalb mißt die Straße rund um die Insel auch 32 Kilometer. Auf ihr zu radeln, ist ein besonderes Vergnügen, weil der Blick fast immer auf die palmenbestandenen Inseln auf dem Riff fällt. Diese »Motus« bieten auch ein besonderes Badevergnügen: Man läßt sich für einen Tag samt Picknickproviant, Mückenspray und starkem Sonnenschutz absetzen und hat trotz des Touristenrummels auf der Hauptinsel das Gefühl, eine Robinsonade im Paradies zu erleben.

Yachthafen von Uturoa auf Raiatea

Huahine: Beim Marae Fare Ta wurde ein Versammlungshaus nachgebaut

Huahine und Raiatea gehören zu den Inseln im heutigen Französisch-Polynesien, die schon früh besiedelt wurden. Archäologen fanden dort Spuren, die gut 1300 Jahre zurückreichen. Die beiden Eilande waren einst wichtige Zentren für die gesamte Inselgruppe. Heute wirken sie eher freundlich-verschlafen.

Kultsteine im Marae Taputaputea auf Raiatea

Die historischen Fischfanganlagen von Huahine werden heute teilweise noch genutzt

Am Pointe Tereva auf Huahine

Im Hafen von Uturoa (unten)

Auf Bora Bora selbst gibt es nur relativ wenige gute Strände, die besten befinden sich am Südende. Dort entstand in den siebziger Jahren auch die erste Luxusherberge, das Hotel »Bora Bora«. Es baute komfortable Bungalows auf Stelzen in die Lagune, eine Bauweise, die auf vielen Südsee-Inseln übernommen wurde.
Die zweifelhafte Karriere der Insel als touristisches »Traumziel«, das noch teurer ist als Tahiti, begann im Zweiten Weltkrieg. Damals legten amerikanische Truppen auf der Insel ein Treibstoffdepot und auf einem Motu im Inselnorden einen Flughafen an. Über 4000 Soldaten wurden auf Bora Bora stationiert. Als sie nach Kriegsende abzogen, hinterließen sie acht Kanonen, die nun an verschiedenen Standorten rosten, und reichlich Nachwuchs mit erkennbar hellerer Haut. Die GI's schwärmten zu Hause vom Zauber Bora Boras, und bald flogen trotz der hohen Preise die ersten Reisegruppen ein. Das Geschäft, von dem inzwischen die ganze Insel lebt, hat Bora Bora eine Reihe luxuriöser Hotels – mit meist mäßigem Service – und eine Hotel-Investitionsruine beschert.

Französisch-Polynesien jenseits des Touristenrummels

Verglichen mit Tahiti, Moorea und Bora Bora sind alle anderen Urlaubsinseln noch bestimmt vom gemächlichen Rhythmus der Südsee. Die bekanntesten sind Tetiaroa, Huahine und Raiatea im Gesellschaftsarchipel, Rangiroa und Manihi in den Tuamotus sowie Nuku Hiva und Hiva Oa in den Marquesas. Das nahe Tahiti gelegene Atoll Tetiaroa war zwar schon ein Ferienort der Pomare-Dynastie, bekannt wurden die zwölf Inseln jedoch erst, als Marlon Brando sie 1966 erwarb.
Huahine besteht genau genommen aus zwei Inseln, die von einem gemeinsamen Riff mit zahlreichen Motus umschlossen sind. Da beide nur ein schmaler Meeresarm trennt und eine Brücke vereint, unterscheiden nur die Einheimischen zwischen Huahine Nui – großes Huahine – und Huahine Iti – kleines Huahine. Beide zusammen sind 73 Quadratkilometer groß. An der Flanke des schroffen, 669 Meter hohen Turi-Gipfels liegt der beschauliche Hauptort und Hafen Fare. Obwohl Huahine fünf

Feuertanz im Tiki Theatre Village: Traditionsschau für Touristen

Nach Museumsstücken entstanden die Kostüme des Tiki-Theaters (unten)

Abseits der Touristenroute: Schafe im Bergland von Moorea

James Cook war der Namenspate für Mooreas schönste Bucht (unten)

größere, teilweise luxuriöse Ferienhotels und mehrere kleinere Herbergen besitzt, hat man nicht das Gefühl, der Tourismus präge die Insel.

Die größte Sehenswürdigkeit Huahines sind die Maraes bei Maeva. Hier lebten einst die Inselhäuptlinge einträchtig zusammen und legten ihren Ahnen Maraes an. Insgesamt wurden bislang 28 gefunden, darunter ein besonders bedeutender, der dem Sonnengott Tane geweiht war. Am Ufer blieben hier auch einige alte steinerne Fischfanganlagen erhalten. Jüngeren Datums sind die Kanonen an der Brücke zum Flughafen, sie waren 1846 bei der Schlacht von Maeva im Einsatz. Damals konnten die Insulaner die Franzosen zurückschlagen, 1897 wurde die Insel aber unter die Trikolore gezwungen.

Dasselbe gilt für Raiatea, wo ebenfalls zwei Inseln, Raiatea und Tahaa, von einer gemeinsamen Lagune umschlossen sind. Hier ist die Entfernung aber so groß, daß man sie mit einem Motorboot überwinden muß. Da Raiatea, abgesehen von den umgebenden Motus, keine Strände hat, ist es für viele Urlauber unattraktiv.

Für die Polynesier hat Raiatea eine große Bedeutung, denn hier brachen der Überlieferung nach die großen Kanus zu ihren Reisen nach Neuseeland und Hawaii auf. Die Reste des einst mächtigen Marae Taputapuatea zeugen von der besonderen Bedeutung der Insel, in deren über tausend Meter hoher Bergwelt laut Legende der Kriegsgott Oro aus einem zornigen Felsen geboren wurde. Delegationen aus ganz Polynesien kamen zu dieser heiligen Stätte.

Die nördlichsten Inseln in Französisch-Polynesien sind die wenig besuchten Marquesas. Auf der 330 Quadratkilometer großen Hauptinsel Nuku Hiva gibt es ein Feriendorf; die Hauptsehenswürdigkeit ist die Kathedrale Notre Dame in Taiohae. Da Nuku Hiva für seine Holzschnitzereien bekannt ist, haben die meisten Schnitzer der Kirche ein Werk gespendet. Bekannter ist die Insel Hiva Oa, weil dort Paul Gauguin Zuflucht vor den »Spießern« von Tahiti suchte. Ein Jahr später starb er. Der Inselfriedhof hat aber noch einen zweiten Grabstein mit berühmtem Namen: Der belgische Chansonnier Jacques Brel ließ sich hier bestatten.

Abseits der Touristenpfade liegen auch die 78 Atolle der Tuamotus, die größte Ansammlung von Koralleninseln der Welt. Bekannt sind vor allem zwei Inseln: Rangiroa wegen seiner riesigen, 1020 Quadratkilometer großen Lagune und Manihi wegen seiner schwarzen Perlen. Da die einst von Perlaustern übersäten Lagunenböden inzwischen fast völlig leergesammelt sind, werden die schwarzen Kostbarkeiten heute in Perlfarmen »geerntet«. Dazu werden die Perlaustern direkt aus dem Laich gezüchtet und in reusenartigen Gestellen gehegt und gepflegt, bis sie eine bestimmte Größe erreicht haben. Dann werden ihnen sehr vorsichtig Fremdkörper eingesetzt, um die die Muschel langsam ihr Perlmutt formt. Welche Farbe die Perle am Ende hat, das hängt davon ab, an welcher Stelle sich der Fremdkörper mit der Auster verbindet. Denn das Innere der Muschel hat verschiedene Farbschattierungen – von Schwarz bis zu Eierschalenweiß. Nach zwei bis drei Jahren können die Perlen geerntet werden. Allerdings tragen nur 35 Prozent der Muscheln Perlen, und davon verfügen nur zehn Prozent über eine einwandfreie Qualität.

Geht es nach einem großen französischen Ferienclub-Unternehmen, werden die Tuamotus demnächst eine weitere Urlaubsinsel erhalten: Der Touristikkonzern will auf Mururoa einen Club etablieren, nachdem die Atombombentests auf Mururoa und Fangataufa eingestellt worden sind. Kritiker kommentierten: »Ein strahlendes Ferienvergnügen.«

Thunfischverkauf an der Cook's Bay (unten)

Am Fährpier von Moorea werden Ananas für Tahiti verladen (unten)

In Jahrtausenden haben Wind und Wetter kräftig an der Vulkaninsel Moorea genagt. Die heutige, nahezu dreieckige Insel ist der übriggebliebene Teil des südlichen Kraterrandes. Der Name Moorea bedeutet etwa »Gelbe Eidechse« und erinnert an einen früheren Herrscherclan, der dieses Symbol als Erkennungszeichen benutzte. Heute ist Moorea nicht nur ein beliebtes Urlaubsziel, sondern auch der »Garten Tahitis«. In den fruchtbaren Tälern werden Obst und Gemüse für die dicht besiedelte Nachbarinsel angebaut.

REISE-INFO
FRANZÖSISCH-POLYNESIEN

Reisen zwischen den Inseln: Es gibt mehrere kleine Fluggesellschaften und Lufttaxi-Unternehmen. Die größte Linie ist Air Tahiti (Tel. 0 06 89/86 40 11; verschiedene Airpässe, siehe S. 105).

Moorea

Karte: Seite 112/113, Planquadrat D 7.
Anreise: Die 17 km von Tahiti entfernte Insel (137 qkm) ist mit Air Moorea (Tel. 0 06 89/86 41 41) zu erreichen. Zwei Gesellschaften bieten Rundflüge im

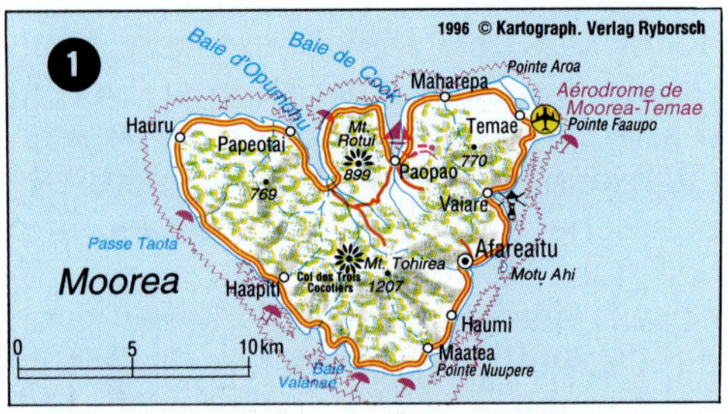

Hubschrauber an (Tel. 85 68 00). Zudem gibt es noch zwei Fährverbindungen von Tahiti (Tel. 42 88 88).
Unterkunft: Die Hotelgruppen Sofitel (Tel. 56 12 90, Fax 56 12 91), Club Med (Tel. 56 15 00, Fax 56 19 51) und Parkroyal (Tel. 56 19 19, Fax 56 18 88) unterhalten Strandhotels der oberen Preiskategorie. Preiswertere Unterkunft bietet das »Moorea Village Hotel« (Tel. 56 10 02, Fax 56 22 11).
Sehenswürdigkeiten: An der 60 km langen Straße rings um Moorea liegen alle Ortschaften, der Aussichtspunkt Belvedere mit Blick auf zwei tief in die Insel reichende Buchten und im nahe gelegenen Opunohu-Tal die restaurierten Ruinen alter Tempelplattformen. Das »Tiki Theatre Village« (Tel. 56 18 97) zeigt eine polynesische Tanzshow.
Ausgehen: Französische Küche servieren das »Bon Appetit« (Tel. 56 29 65) in Paopao und »Le Bateau« (Tel. 56 15 35) in Haapiti. Die Hotels arrangieren regelmäßig polynesische Tanzprogramme.
Ausflüge: Zwei Firmen veranstalten Touren mit Allradwagen in die Berge: Painapo 4X4 (Tel. 56 35 80) und Inner Island Photo Tours (Tel. 56 20 09).
Information: Informationsbüro für Touristen am Hafen, Tel. 56 29 09.

Bora Bora

Karte: Seite 112/113, Planquadrat D 6.
Anreise: Die Insel (38 qkm) liegt 240 km nordwestlich von Tahiti. Air Tahiti (Tel. 86 42 42) fliegt Bora Bora täglich drei- bis viermal an (45 Minuten). Bora Bora ist auch mehrmals in der Woche per Schiff zu erreichen; mit dem Schnellboot dauert die Fahrt fünf Stunden (Tel. 45 35 35 und 41 25 35).
Unterkunft: Das bekannteste und teuerste Hotel ist das »Bora Bora« (0 06 89/60 40 00, Fax 60 40 01). In Vaitape und auf der Halbinsel Matira gibt es einige preiswertere Privatunterkünfte.
Sehenswürdigkeiten: Die restaurierte Tempelanlage Marae Marotetini und die Felszeichnungen im Marae Fare Opu liegen beiderseits der Bucht von Faanui. Eine Attraktion sind auch die Bootsfahrten zum Haifischfüttern.
Ausflüge: Die Insel ist auf einer 32 km langen Straße gut zu umrunden. Es gibt mehrere Firmen und Hotels, die Autos, Motorroller und Fahrräder vermieten. Am Kai von Vaitape warten bei Ankunft eines Schiffs Le Truck, es gibt auch einige Taxis. Strapaziös können Touren und Wanderungen in die teilweise steilen Berge im Inselinneren sein (mit ortskundigem Führer). Empfehlenswert sind Badefahrten auf die Motus.

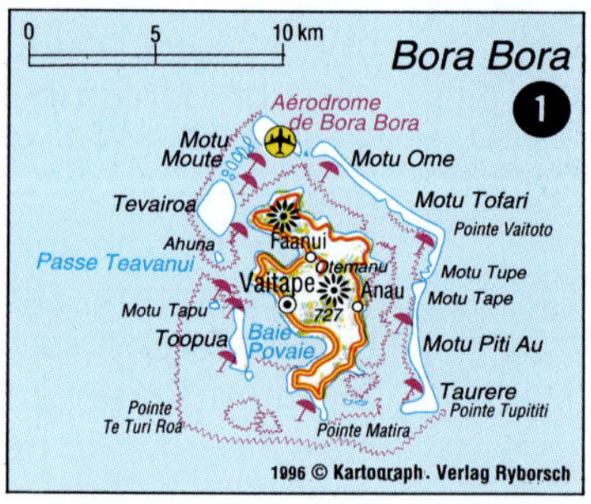

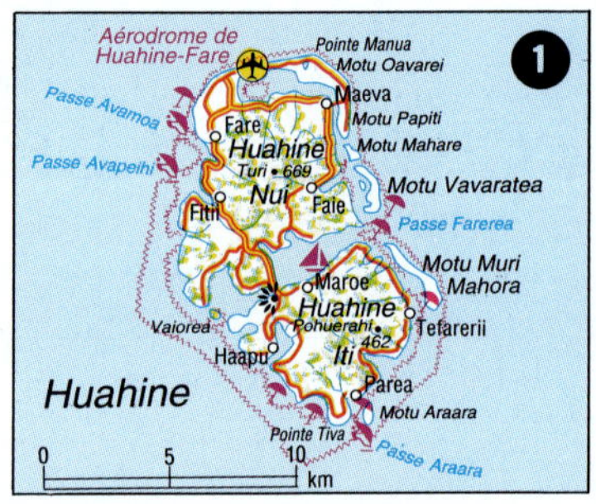

Ausgehen: Eines der bekanntesten Restaurants ist das auf Fischgerichte spezialisierte »Bloody Mary's« (Tel. 67 72 86) in Vaitape. Das »Bamboo House« (Tel. 67 76 24) bietet angenehme Atmosphäre. Die größeren Touristenhotels veranstalten an mehreren Abenden Tamure-Tanzshows.
Information: Comité du Turisme beim Kai von Vaitape (Tel. 67 76 36).

Huahine

Karte: Seite 112/113, Planquadrat D 6.
Anreise: Die Insel (73 qkm) liegt 175 km nordwestlich von Tahiti, der tägliche Flug mit Air Tahiti dauert eine halbe Stunde. Auch mit der Fähre kann Huahine erreicht werden (Tel. 45 35 35).
Sehenswürdigkeiten: Die Maraes bei Maeva mit Resten von 60 Kultstätten.
Ausflüge: Die 32 km lange Straße über die Insel ist größtenteils geteert, Autos, Motorroller und Fahrräder sind im Hauptort Fare zu mieten.
Ausgehen: Das populärste Restaurant ist die »Pension Enite« (Tel. 68 82 37).
Unterkunft: Das luxuriöse Hotel »Hana Iti« (Tel. 0 06 89/68 85 05, Fax 68 85 04). Preiswerte Pensionen.
Information: Die Touristeninformation (Tel. 68 86 34) befindet sich in Fare.

Raiatea

Karte: Seite 112/113, Planquadrat D 6.
Anreise: Die Insel (220 qkm) und Nachbar Tahaa liegen 225 km nordwestlich von Tahiti, der Flug von Tahiti dauert etwa eine Stunde; Fährverbindung.
Sehenswürdigkeiten: Die ausgedehnte historische Tempelanlage Marae Taputapuatea.
Ausflüge: Raiatea ist ebenso von einer Straße umrundet wie Tahaa, auf beiden Inseln sind Touren in das Bergland im Landesinneren möglich.
Ausgehen: Das unkomplizierte Restaurant »Le Quai des Pêcheurs« im Hauptort Uturoa (Tel. 66 36 83).
Unterkunft: Beliebt und oft ausgebucht ist das preiswerte »Greenhill« (Tel. 66 37 64) auf Raiatea.
Information: Das Touristenbüro befindet sich in Uturoa (Tel. 66 23 33).

COOK ISLANDS

Der riesengroße Zwergstaat

Viel Platz zum Üben mit ihren sportlichen Auslegerkanus haben die Cook Islander (Foto: Rarotonga, Muri Beach). Denn ihr Staat ist einer der größten der Welt. Doch in der

»Die Eingeborenen von Mangeea scheinen denen von Tahiti und den Marquesas in ihrer Schönheit ähnlicher zu sein als irgendein Volk, das ich in diesen Meeren gesehen habe... Sie sind nicht allein freundlich, sondern auch mit all den unzüchtigen Gebärden bekannt, die die Tahitianer bei ihren Tänzen zur Schau stellen.« Das notierte 1777 jener Mann in sein Logbuch, nach dem der Südseestaat heute benannt ist: James Cook. Er war gerade als erster Weißer vor Mangaia, der südlichsten und zweitgrößten der Cook-Inseln, vor Anker gegangen.

Cook war jedoch nicht der erste Europäer, der über diesen Archipel berichtete. Bereits 1595 sichtete der Spanier Alvaro de Mendaña die Insel Pukapuka im Norden der Gruppe, 1606 ging sein Landsmann Fernández de Quirós auf der ebenfalls nördlichen Insel Rakahanga an Land. Da die beiden Atolle aber wertlos waren, segelten die Spanier weiter, und die Aufzeichnungen verschwanden in den Archiven. Erst 1773, als James Cook erstmals in den Archipel gelangte, fanden die Inseln wieder Beachtung.

Cook Islands – Inseln der Krieger und Kannibalen

Gemessen an der polynesischen Besiedlung waren jedoch selbst die Spanier Nachzügler. Archäologen halten es für möglich, daß die ersten Insel-Bewohner schon im 5. Jahrhundert landeten. In Polynesiens Sagen wird erzählt, wie das geschah: Zwei Krieger, Karika aus Samoa und Tangiia aus Tahiti, trafen sich auf dem Ozean. Den Kampf konnte der schwächere Tangiia mit einer List abwenden: Auf See gebe es niemanden, um vom Ruhm des Siegers zu künden. Der Streit solle also auf der nächsten Insel ausgetragen werden. Als diese, Rarotonga, erreicht war, hatten die Krieger Freundschaft geschlossen. Sie verabredeten, die Insel per Kanuwettkampf zu teilen. Beide paddelten in entgegengesetzte Richtungen. Wo sie zusammentrafen, zogen sie die Grenzlinie durch das Eiland. An der Sage kann ein wahrer Kern sein: Im 9. Jahrhundert sollen sich zwei Gruppen von Eindringlingen verbündet haben, um die Inselbewohner gemeinsam zu verdrängen. In der Tat gab es früher drei Stammesgebiete.

Rarotonga: Hafen der Inselhauptstadt Avarua

Pandanusmatte im Women Handicraft Centre

Idylle und komfortable Zivilisation – das bieten die Cook Islands. Sie sind zugleich einer der kleinsten und der größten Staaten der Erde: Die Landfläche beträgt nur gut 240 Quadratkilometer. Aber die Wasserfläche der Cook Islands summiert sich auf rund zwei Millionen Quadratkilometer. Das entspricht etwa der Fläche von Westeuropa.

Per Kutsche kann man Avarua erkunden

Alle Europäer verhielten sich vorsichtig in dem Archipel, wußten sie doch, das Kannibalismus üblich war. Das änderte sich erst, als 1821 die Missionare auf Aitutaki an Land gingen und binnen weniger Jahre die Bewohner vieler Inseln zum Christentum bekehren konnten. Die Protestanten der London Missionary Society konnten sich auch politisch durchsetzen. Ihre Warnungen vor den expansiven – und katholischen – Franzosen führte dazu, daß Großbritannien auf Bitten des Adels die Inseln 1888 unter Protektion nahm. 1901 wurden die Inseln dann Neuseeland zugeschlagen.

Der Meeresgott ist ein Fruchtbarkeitssymbol

Erst 1965 wurden die Inseln unabhängig: Die Cook Islander entschieden sich für innere Autonomie und äußere Zugehörigkeit zu Neuseeland. Seither unterstützt die Regierung in Wellington den Südseestaat mit Millionen, sie ist auch für dessen Außenpolitik und Verteidigung zuständig. Da alle Cook Islander neuseeländische Pässe haben, können sie in dem Nachbarstaat arbeiten. Die Überweisungen dieser Arbeiter sind ein wichtiger Posten im Staatshaushalt der Cook Islands. Weit über 30 000 Cook Islander leben in Neuseeland, auf den Heimatinseln sind es hingegen weniger als 20 000. Wellington ist zugleich Hauptabnehmer der Exporte, vornehmlich Tropenfrüchte und Textilien, überdies stellen Neuseeländer die Mehrheit der jährlich 60 000 Touristen.

Mit dem Engagement der Briten wurde die größte und fruchtbarste Insel der

Büste des Staatsgründers Albert Henry

Cook Islands Christian Church von 1855 (unten)

Blick vom 413 Meter hohen Te Rua Manga

Te Rua Manga – The Needle – ist das Wahrzeichen von Rarotonga (unten)

Der Erdofen wird geöffnet

Rarotonga, von den Einheimischen meist kurz »Raro« genannt, ist die Hauptinsel der Cook Islands. Sie ist ein typisches Beispiel für eine »hohe Insel«, die im Gegensatz zu den flachen Koralleninseln aus hochragenden Vulkankratern gebildet wurde. Sonne, Regen und Wind schufen in Jahrtausenden bizarre Formen wie The Needle, eine 413 Meter hohe Felsnadel. Zugleich entstanden fruchtbare Täler, in denen die tropische Vegetation üppig wuchert. Umgeben ist die Insel von einem Riff, das im Süden Platz läßt für eine große Lagune mit vier Motus und weiten Sandstränden.

Rarotongas Landesinnere ist bis auf einige Felder dicht bewachsen (unten)

Gruppe, Rarotonga, zum Verwaltungszentrum. Es ist die einzige Cook-Insel mit hohen Vulkanbergen, was ihr nicht nur Schönheit, sondern auch ausreichend Trinkwasser gibt, da sich die Wolken an den Bergen abregnen. Rarotonga war deshalb die attraktivste unter den Inseln, die im 19. Jahrhundert zusammengefaßt wurden.

Es entstand ein Mini-Staat mit riesiger Ausdehnung. Auf zwei Millionen Quadratkilometern Meeresfläche verlieren sich 15 Inseln mit einer Landfläche von 240 Quadratkilometern. Das Cook-Archipel ist aufgeteilt in eine nördliche und eine südliche Gruppe, dazwischen befindet sich ein breites Meeresband. Zwischen der nördlichsten Insel, Penrhyn, und der südlichsten, Mangaia, liegen 1400 Kilometer Luftlinie.

Zerklüftetes Tropen-Gebirge im Pazifik: Rarotonga

Die Südgruppe der Cook Islands besteht überwiegend aus Vulkaninseln, allein Palmerston und Manuae sind Atolle. Bei manchen der Südinseln ragt nur eine flache Korallenplatte ohne Lagune aus der See, andere haben einen vulkanischen Landkern, der umgeben ist von einer Makatea, einer Korallenplatte, die durch Druck im Erdinneren über den Meeresspiegel gehoben wurde.

Rarotonga hingegen bietet ein gänzlich anderes Bild. Den Kern der 67 Quadratkilometer großen Insel bildet ein zerklüftetes, überwuchertes Gebirge, das am Te Manga auf 653 Meter ansteigt. Die auffallendste Spitze ist der kahle Fels des 413 Meter hohen Te Rua Manga, »The Needle« genannt.

Die meisten Touristen bleiben jedoch an der Ara Tapu, der Straße, die über 32 Kilometer am Ufer rings um die Insel führt. Etwas weiter im Landesinneren gibt es streckenweise den zweiten Ring der Ara Metua, der alten Straße. Sie fasziniert die Archäologen, wurde sie doch bereits um 1050 aus Korallengestein angelegt. Von diesem historischen Pflaster ist allerdings nichts mehr zu sehen.

Rarotonga liegt wie Tonga und Samoa im »Bibelgürtel« der Südsee, in dem der Sonntag noch wirklich heilig ist. Wie auf allen Inseln machen sich auch in der alten Kirche der Inselhauptstadt Avarua die Kirchgänger zur Sonntagsmesse besonders fein. Dieses Bild ist es allein schon wert, die Messe zu besuchen, noch eindrucksvoller sind jedoch die schönen Lieder, die zum Lobe des Herrn angestimmt werden. Man merkt den Polynesiern an, daß sie mit einer sangesfreudigen Kultur aufgewachsen sind.

»Gesang und Tanz gehören auch heute fast immer zusammen«, erklärt Tetiara, die zu einer international erfahrenen Tanztruppe in Avarua gehört. »Alle Polynesier erzählen Geschichten, wenn sie tanzen – mit den Händen und den

Auch Papayas gedeihen auf Rarotonga

Füßen.« Und die elegant kreisenden Hüften der Tänzerinnen, die für europäische Augen so typisch polynesisch wirken? »Sie sollten und sollen natürlich die Tänzer reizen. Aber in den traditionellen Tänzen spielen sie eine geringere Rolle. Und so sexy, wie die Tahitianerinnen heutzutage vor Touristen tanzen, ging es in Wirklichkeit nie zu.« Zumindest nicht mehr, seitdem die Missionare die »sündigen Tänze« untersagten. Und wo ihnen das nicht gelang, erzwangen sie wenigstens, daß die Paare nebeneinander tanzten. »Dabei ist es oft geblieben«, sagt Tetiara mit einem Lächeln und rückt die Hibiskusblüte hinter ihrem Ohr zurecht. Ein Unterschied blieb aber erhalten: Während die Frauen ausschließlich grazile Figuren tanzen, stampfen die Männer meist so bullig über das Tanzfeld, als seien sie einem Kriegstanz entsprungen. Das gilt mehr oder minder für alle polynesischen Inseln. Die Cook Islander gelten allerdings als die besten Tänzer im Südpazifik.

Der erste Premierminister der Cook Islands, Albert Henry, förderte die Tanztruppen nach Kräften. Dies trug gewiß zu seiner Beliebtheit bei. Henry war eine schillernde Figur, er hat in den ersten Jahren der Unabhängigkeit viel für seine Inseln getan, hat sich aber auch unredlicher Tricks bedient. Der Oberste Gerichtshof des Landes wies ihm 1978 Korruption nach und sorgte für eine Auswechselung der Regierung. Anschließend entließ ihn die Queen aus dem Adelsstand, in den er 1974 nach der Einweihung des internationalen Flughafens aufgenommen worden war. Daß Henry ungebrochene Popularität genießt, beweisen die frischen Muschelketten, die der Bronzebüste auf dem Friedhof auch heute noch von Henry-Anhängern umgehängt werden. Die räumliche Nähe von Politik und Kirche ist durchaus symbolisch zu verstehen. Wie auf allen Inseln nahmen auch in Rarotonga seit den Tagen der Missionare die Seelenhirten stets Einfluß auf das politische Tagesgeschäft. Erst in jüngster Zeit hat sich das geändert, weil die schnell wachsende Zahl konkurrierender Kirchen aus den USA den Einfluß einzelner Religionen vermindert hat.

Die großen Leistungen der »Wikinger des Sonnenaufgangs«

An die Zeiten vor diesem Wettstreit um die Seelen erinnert Aria-Te-Tonga. Dies war einst der wichtigste Kultplatz auf den Cook Islands. Obwohl von der Anlage nur noch Reste erhalten sind, darf sie nicht betreten werden. Auf diesem Tempelgrund fanden der Überlieferung zufolge auch die Zeremonien statt, mit denen die Aussiedler etwa fünf Kilometer weiter, im Hafen von Avana, auf ihre große Fahrt nach Neuseeland gingen. Den sieben Booten, die diese Reise schafften, sind im Uferpark sieben Steine gewidmet. Sie stachen vermutlich ohne genaues Ziel in See, auch der Anlaß der Reise ist nicht bekannt. Vielleicht waren die Heimatinseln überbevölkert und konnten die Menschen nicht mehr ernähren. Ein anderer möglicher Grund könnten Stammesstreitigkeiten gewesen sein, in deren Folge die unterlegene Partei das Land verlassen mußte. Die Überquerung des größten Ozeans der Welt durch die »Wikinger des Sonnenaufgangs« gibt immer noch Rätsel auf. Aus Zeichnungen der ersten Europäer in der Südsee weiß man immerhin, wie die Schiffe der damaligen Insulaner aussahen. Es waren breite Doppelrumpfkanus, auf denen weit mehr als hundert Menschen, lebende

Mit dem Hotelboot . . .

. . . geht es zur Badeinsel One Foot Island (unten)

Die Insel Aitutaki spielt in vielen Geschichten der Cook Islands eine Rolle. Der Überlieferung gemäß war dies die erste Insel der Gruppe, die von Polynesiern besiedelt wurde. Deshalb hieß die Insel früher auch Araura – die Kurzformel für eine Bezeichnung aus sieben Worten, die bedeuten: »Ru auf der Suche nach Land jenseits des Meeres«. Ru war der legendäre erste Herrscher, der nach der Landung seinen Brüdern kein Land gab. Deshalb, so die Überlieferung, segelten sie weiter bis zum heutigen Neuseeland.

Traditionelle Tanzschau auf der Bühne eines Hotels (unten)

Im feuchtwarmen Inneren von Rarotonga wuchern mächtige Farne (unten)

Tiere und Saatgut für die neue Heimat sowie Proviant für mehrwöchige Fahrten Platz fanden. Vorangetrieben wurden sie von Segeln aus geflochtenen Pandanusmatten, bei Flaute legten sich die Seefahrer in die Riemen.

Den Kurs hielten sie mit großen, paddelähnlichen Rudern. Sie bestimmten ihn durch ihre Kenntnis vom Stand der Gestirne und durch genaue Beobachtung der Strömungen und der Seevögel. Einfache »Seekarten« aus miteinander verschnürten Holzstäbchen, auf denen festgebundene kleine Muscheln und Steine die Sterne anzeigten, halfen den nahezu genialen Navigatoren.

Fischperspektive in der Lagune

Daß all dies keine Spekulationen sind, bewiesen die heutigen Polynesier erstmals 1976. Damals brach die nach historischen Vorbildern erbaute »Hokule'a« in Hawaii auf zu einer mehr als 5000 Kilometer langen Fahrt nach Tahiti und kehrte später zum Startort zurück. Seither hat das Doppelrumpfkanu mehrere dieser großen Fahrten durch den Pazifik wiederholt. Diese Reisen bewiesen, daß die Polynesier planmäßig zu ihren Heimatinseln zurückkehren konnten und daß der mündlichen Überlieferung der Inselvölker durchaus Glauben zu schenken ist.

Ein ganz anderes Thema ist der »Banana Court« in Avarua – eines der letzten legendären »South Seas Waterholes«, Kneipen, die im ganzen Pazifik berühmt sind. Freitagnacht ist der »BC«

Schnorchlerinnen in der klaren und korallenreichen Lagune von Aitutaki

immer noch der heißeste Tip für einen Abend zwischen Bar und Tanzfläche.
Wer allerdings die beste »Island Night« erleben will, der muß freitags ins Flugzeug nach Aitutaki steigen. Beim Anflug wird er feststellen, weshalb Südseekenner die Insel gleichrangig neben Bora Bora preisen: Der – angeblich gestohlene – Maungapu ist zwar nur 124 Meter hoch, aber er krönt eine dreieckige Lagune von seltener Farbenpracht. Auf deren Korallenriff ruht eine Kette palmenbestandener Motus, deren Strände die Badefreuden einlösen, die sie aus der Luft versprechen. Wenn die Maschine auf dem mächtigen Flugfeld, ein Erbe der US Air Force aus dem Zweiten Weltkrieg, ausrollt, wollen fast alle Touristen möglichst schnell in die blaugrüne Lagune eintauchen.
Es gibt nicht viele Sehenswürdigkeiten, die davon abhalten: die Kirche im Hauptort Arutanga und einige Maraes. Das Gotteshaus von 1828 ist das älteste und in seiner Farbenfreudigkeit eines der schönsten auf den Cook Islands. Die interessantesten Marae-Relikte sind ausgeschildert, zum Marae Tokongarangi erzählen die Insulaner eine Geschichte: Die Kultstätte ist dem Haifischgott Are Mango gewidmet. Ein Kanu aus Raiatea trug einst ein Bild dieses Gottes am Bug, es lenkte das Kanu über den Ozean zum unentdeckten Aitutaki.
Aitutakis Schatz ist die Lagune mit den unbewohnten, aber legendenumsponnenen Motus. Eine dieser Inseln hat dazu beigetragen, Fluggeschichte zu machen. Auf Akaiami machten die luxuriösen Flugboote der »Tasman Empire Airways« zum Tanken fest, mit denen in den fünfziger Jahren die »Korallenroute« zwischen Fidschi und Tahiti beflogen wurde. Der zweistündige Stopp wurde von fast allen Passagieren für einen Sprung in die Lagune benutzt. Heute läßt man sich vom Wassertaxi zu den Bade-Motus fahren. Damit kann nur die »Island Night« im »Rapae Hotel« konkurrieren.
Dort erlebt man, warum die Cook Islander als beste Tänzer im Pazifik gelten. Und man fragt sich, wie die einheimischen Damen jeden Alters und jeder Körperfülle ihre Hüften so aufregend schnell kreisen lassen können. Aber sich danach zu erkundigen, fällt schwer nach ein paar Cocktails. Für nüchterne Versuche: Der faszinierende Hüftschwung heißt Pata'uta'u.

Vom Maungapu bietet sich ein weiter Blick auf die Lagune

Kinder auf Aitutaki

Taro-Ernte auf Aitutaki

Handgemachte Südseesouvenirs

REISE-INFO *COOK ISLANDS*

Anreise: Der internationale Flughafen auf der Hauptinsel Rarotonga wird mit Düsenmaschinen von Air New Zealand, Hawaiian Airlines, Polynesian Airlines und mit Propellermaschinen von der einheimischen Air Rarotonga angeflogen. Auf dem Flughafen erhält man kostenlos ein Monatsvisum, es wird gegen Gebühr maximal sechsmal um einen Monat verlängert.

Örtliche Verkehrsmittel: Die Air Rarotonga fliegt regelmäßig nach Aitutaki, Atiu, Mauke, Mangaia und Mitiaro, die Flüge dauern jeweils 40 bis 50 Minuten. Seltener sind Flüge zu den entfernten nördlichen Atollen Penrhyn, Manihiki und Pukapuka, die drei bis vier Stunden dauern. Daneben gibt es noch einige kleinere Firmen, die Lufttaxi-Dienste und Sightseeingflüge anbieten. Zwei nur in Maßen komfortable Frachtschiffe, die auch Inseln ohne Flughafen anlaufen, nehmen Passagiere mit, die Routen und Fahrtzeiten ändern sich von Zeit zu Zeit (Tel./Fax 0 06 82/2 23 69). Eine Reihe kleinerer Schiffe nimmt ebenfalls Passagiere mit zu den Außeninseln, diese fahren allerdings sehr unregelmäßig. Nach ihnen erkundigt man sich am besten im Hafen.

Rarotonga

Karte: Seite 112/113, Planquadrat E 6.

Verkehrsmittel: Rarotonga verfügt über einen Busservice auf der 32 km langen Straße rund um die Insel. Die Busse sind nur an Werktagen von 8–16 und von 18–22 Uhr unterwegs.

Unterkunft: Es gibt zwei große Hotelanlagen am Strand, das »Rarotongan« (Tel. 0 06 82/2 58 00, Fax 2 57 99) mit 150 und das »Edgewater Resort« (Tel. 2 54 35, Fax 2 54 75) mit 180 Zimmern und Bungalows, beide liegen in der höheren Preisklasse. Daneben existieren einige kleinere, teilweise deutlich teurere Ferienanlagen, etwa das »Pacific Resort« (Tel. 2 04 27, Fax 2 14 27) oder die »Sokala Villas« (Tel. 2 92 00, Fax 2 12 22). Zu den beliebten Mittelklasse-Unterkünften gehören das »Little Polynesian« (Tel. 2 42 80, Fax 2 15 85) und »Ati's Beach Bungalows« (Tel. 2 15 46, Fax 2 55 46). Zu den schlichten, aber preiswerten Herbergen gehört die »Arorangi Lodge« (Tel. 2 17 73, Fax 2 61 74). Viele Hotels, auch in den unteren Preisklassen, holen ihre Gäste am Flughafen ab.

Sehenswürdigkeiten: Hauptort der Insel (67 qkm) und Regierungszentrum der Cook Islands ist Avarua an der Nordküste. Dort finden sich auch die meisten der touristischen Attraktionen: Das Takamoa Mission House entstand 1842 als Schule der London Missionary Society, das als eines der ältesten europäischen Gebäude in der Südsee gilt. Nicht viel jünger ist die Avarua Cook Islands Christian Church von 1853. Auf ihrem Friedhof steht die viel fotografierte Büste des ersten Premierministers Albert Henry (1965–1978). Der Para O Tane-»Palast« ist nur von außen zu besichtigen. Am westlichen Rand von Avarua steht das erst wenige Jahre alte National Culture Centre, ein Komplex, zu dem unter anderem das Nationalmuseum gehört. Auch die Museum Society unterhält eine kleine, aber interessante Sammlung zur Geschichte der Cook Islands (Takamoa Road, Mo–Fr 12–16.30 Uhr, Di 19–20.30 Uhr).
Weiter außerhalb stehen die Reste des Marae Arai-Te-Tonga. Er trug in voreuropäischer Zeit auch den Namen Koutu, das bedeutet übersetzt: königlicher Hof. Eine relativ neue Sehenswürdigkeit ist das Cook Islands Cultural Village bei Aorangi oberhalb der Westküste, ein Nachbau polynesischer Häuser, in denen man sehen kann, wie Insulaner ihrem traditionellen Handwerk nachgehen (Mo–Fr ab 10 Uhr, mit Lunch aus dem Erdofen). Das echte Dorf Aorangi ist von Missionaren als Modellsiedlung gegründet worden. Lehrreiche Info-Shows rund um das Thema Kokosnuß inszeniert Piri Porutu (So 11–17 Uhr, Vaiama, Tel. 2 03 09).

Ausflüge: Auf Rarotonga (und Aitutaki) kann man Autos, Motorroller und Fahrräder mieten, auf den anderen Inseln bestenfalls Motorroller. Allerdings gibt es meistens Taxis oder Privatwagen, die man mit Fahrer mieten kann. Voraussetzung ist für Selbstfahrer eine Cook Islands Driver's Licence, die man bei der Polizei gegen Vorlage des heimischen Führerscheins problemlos, aber gegen Gebühr erhält. Alle Mietwagen- und Motorrollerfahrer müssen mindestens 21 Jahre alt sein. An einigen Stellen kann man – meist in Flußtälern – auf Straßen ins Inselinnere vordringen, hin-

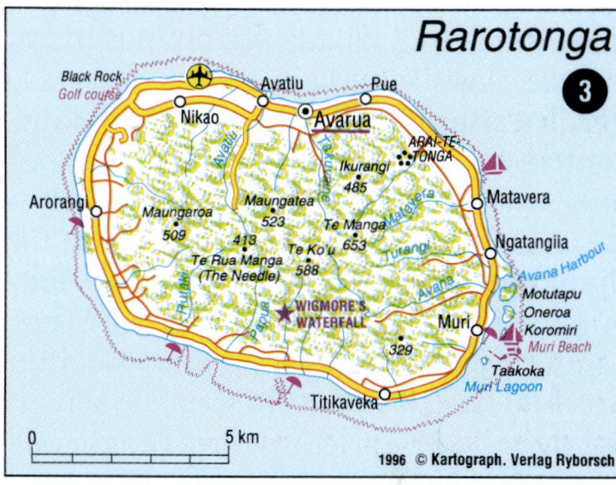

zu kommen einige landeinwärts führende Wanderwege. Der längste führt von Nord nach Süd über die Insel und passiert ihr Wahrzeichen, The Needle (413 m). Die Wanderung dauert rund vier Stunden und führt durch dichten Regenwald (Pa's Mountain Walk, Mo bis Sa, Tel. 2 10 79).

Einkäufe: Die teuersten, aber auch eindrucksvollsten Souvenirs sind Perlen von Manihiki und anderen nördlichen Atollen, die man in Avarua verarbeitet oder unverarbeitet erwerben kann. Sie werden in mehreren Farben gezüchtet. Eine Besonderheit sind Statuen aller Größen und Materialien von Tangaroa, der nicht allzu attraktiven Gottheit der Fruchtbarkeit und des Meeres. Sie ist auch auf der einheimischen Ein-Dollar-Münze abgebildet. Auf Rarotonga und Aitutaki gibt es Zusammenschlüsse von Frauen, die mit Kunsthandwerk zum Familienunterhalt beitragen. Diese Kooperativen haben eigene Verkaufsstätten. Die meisten sind Mo–Fr von 8 bis 16 Uhr und Sa von 8–12 Uhr geöffnet.

Ausgehen: Auf vielen Cook-Inseln, regelmäßig aber nur auf Rarotonga und Aitutaki, gibt es »Island Nights«, bei der die Insulaner am Wochenende ihrer Neigung und ihrem Talent zu Tanz und Trommelspiel nachgeben. Auch die

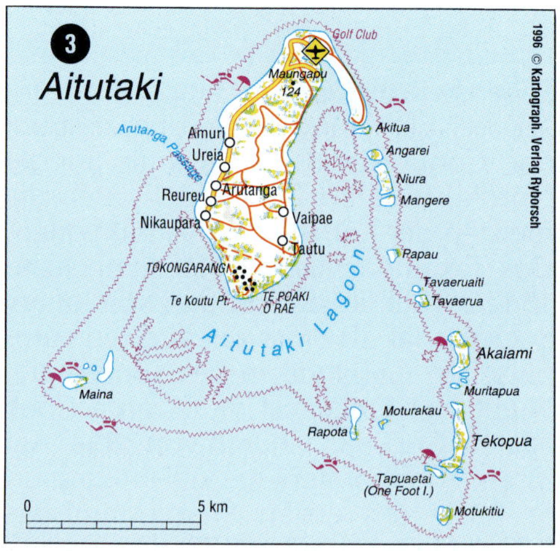

größeren Touristenhotels veranstalten zu unterschiedlichen Terminen meist recht gute folkloristische Tanzshows. Rarotongas Inseltreff, zu dem auch Touristen willkommen sind, ist vor allem freitagabends der »Banana Court«, eine in der Südsee legendäre Kneipe. Zu den besseren, aber auch teureren Restaurants gehören das »Sails« (Tel. 2 73 50) des Segelclubs in Muri, das »Vaima Steak House« (Tel. 26123) an der Südküste und vor allem das »Flame Tree« (Tel. 2 51 23) am Muri Beach. In Avarua sitzt und speist man angenehm auf der Terrasse des »Hibiscus Garden« (Tel. 2 08 23). Insgesamt haben rund 25 Restaurants eine Alkohollizenz, die genannten gehören dazu.

Veranstaltungen: Die Festivitäten konzentrieren sich auf Rarotonga. In der dritten Februarwoche findet die Cultural Festival Week mit Ausstellungen für Kunst und Kunsthandwerk statt, Höhepunkt ist eine Kanu-Wettfahrt. Eine besondere Attraktion ist in der zweiten Aprilwoche das Island Dance Festival, bei dem unter anderem die »Tänzer des Jahres« ermittelt werden. Die Constitution Celebrations beginnen jeweils am Freitag vor dem 4. August und dauern meist länger als eine Woche. Die Tiare Festival Week in der dritten Novemberwoche ist ganz den Blüten der Insel gewidmet: An einem Tag werden überall Blumen gepflanzt, an anderen stehen eine Blumenparade oder Wettbewerbe um die schönsten Blumengestecke oder die »Miss Tiare« auf dem Programm. Im November findet zu unterschiedlichen Terminen überdies ein Food Festival statt, in dessen Mittelpunkt die polynesische Küche steht.

Information: P.O. Box 14, Avarua, Rarotonga, Cook Islands, Tel. 2 94 35, Fax 2 14 35.

Aitutaki

Karte: Seite 112/113, Planquadrat D 6.

Unterkunft: Auf Aitutaki sind die Häuser der gehobenen Kategorie das »Aitutaki Lagoon Hotel« (Tel. 3 12 01, Fax 3 12 02) auf einer eigenen Insel, aber dadurch etwas abseits, und die »Aitutaki Lodges« (Tel. 3 13 34, Fax 3 13 33), die auch abseits des Hauptortes Arutanga liegen. Das gilt aber ebenfalls für das etwas preiswertere »Rapae Cottage Hotel« (Tel. 3 13 20, Fax 3 13 21), das auch ein angenehmes Restaurant hat. Das »Atiu Motel« (Tel. 3 37 77, Fax 3 37 75) ist die einzige Unterkunft auf der gleichnamigen Insel. Bei der Suche nach den sehr knappen Unterkünften auf den anderen Inseln hilft die Cook Islands Tourist Authority in Avarua.

Sehenswürdigkeiten: Auf Aitutaki (18 qkm) und den übrigen Cook-Inseln dominieren landschaftliche Reize, Sehenswürdigkeiten im klassischen Sinn sind selten. Sieben Religionen und elf Kirchen gibt es auf Aitutaki. Besonders schön ist die farbenreich ausgemalte Kirche von 1828 im Hauptort Arutanga.

Ausflüge: Besonders reizvoll sind die Badefahrten zu einem der Motus auf dem vorgelagerten Korallenriff. Die Ausflüge beginnen in der Regel um 10 Uhr und dauern fünf Stunden. Man kann sich für diese Zeit auch auf einer der 15 unbewohnten Außeninseln grüppchenweise absetzen und später wieder abholen lassen (guten Sonnenschutz und Moskitonetz nicht vergessen).

Einkaufen: Auf Aitutaki sind kleine Zupfinstrumente aus Kokosnüssen und Trommeln typisch. Weitere einheimische Waren sind Parfüms aus Tropenpflanzen, Likör aus einheimischen Früchten und Kaffee, der auf Atiu angebaut wird (auch auf Rarotonga).

Übrige Inseln: Atiu hat ein kleines Museum (Mo–Fr 13–17 Uhr), die Takitaki-Tropfsteinhöhle darf nur mit einem einheimischen Führer betreten werden. Solche Vorschrift besteht zwar nicht für die Vaitaongo-Höhle auf Mauke, aber auch hier ist ein Führer empfehlenswert. Eine Kuriosität ist die Kirche zwischen Ngatiarua und Areora: Sie wurde zwischen beiden Orten geteilt, jedes Dorf malte seine Kirchenhälfte unabhängig vom anderen aus. In der Teruarere-Höhle auf Mangaia, die lange als Begräbnisstätte genutzt wurde, finden sich noch Skelette. Auf Manihiki gibt es zahlreiche Perlenzuchten, nach vorheriger Absprache kann man sich durch einige der Betriebe führen lassen. Auf vielen Inseln finden sich noch Reste alter Maraes. Das im Norden abgelegene Suwarrow Atoll, das schon mehrfach Schriftsteller für Robinsonaden angezogen hat, ist Vogelschutzgebiet und ein Nationalpark. Er ist allerdings kaum zu erreichen, wenn man nicht mit einem privaten Boot unterwegs ist.

Die Statue eines Kriegers weist in Avarua auf das National Cultural Centre hin

Die gute Sicht in der Lagune von Aitutaki lädt ein zu ausgedehnten Unterwasserexpeditionen

Kajaktour durch die Lagune von Rarotonga

Rarotongas Ananas werden nach Neuseeland exportiert

Südseetraum Aitutaki

Neben dem Anbau tropischer Früchte ist der Tourismus die wichtigste Einnahmequelle der Cook Islands. Die Inseln werden wegen ihrer klaren Gewässer besonders von Wassersportlern sehr geschätzt. Aber davon kann der kleine Staat allein nicht leben. Deshalb muß der große Nachbar Neuseeland, mit dem die Cook Islands eng verbunden sind, den Insulanern regelmäßig mit Finanzspritzen helfen.

Vorbereitungen für einen Kinder-Segelkurs auf Rarotonga

SAMOA

Polynesien in Reinkultur

Tiefreligiös, naturverbunden und fest verwurzelt in den alten Normen und Werten – Westsamoa gilt als letzte Bastion des traditionellen Polynesiens (gr. Foto: Upolu, Kirchgang). Der Nachbarstaat Amerikanisch-Samoa ist zumindest in seiner Hauptstadt geprägt vom American Way of Life (kl. Foto: Tutuila, Faleuni Cathedral), außerhalb aber noch immer urtümlich.

Jeden Morgen veranstaltet die Polizei von Westsamoa in Apia eine kleine Parade

1885 begann der Bau der strahlend weißen katholischen Kathedrale

Altes Geschäftshaus in Apia

Handarbeiten für Apia-Besucher (unten)

Arbeitszimmer im Robert-Louis-Stevenson-Haus bei Apia (unten)

Sie sind verschwistert und verschwägert, sie sprechen eine Sprache, sie haben eine Jahrtausende alte gemeinsame Geschichte und sind nur durch eine schmale Meeresstraße voneinander getrennt. Und dennoch scheint es, als hätten die Samoaner in ihren beiden kleinen Inselstaaten im 20. Jahrhundert völlig andere Entwicklungen genommen. Westsamoa gilt als eine der letzten Bastionen des traditionellen Polynesiens mit seinem naturverbundenen Leben und seinen festgefügten Sitten und Riten. Amerikanisch-Samoa wirkt hingegen wie eine polynesische Karikatur des American Way of Life.

Beides ist jedoch nur ein Teil der Wahrheit: Pago Pago, die Hauptstadt von Amerikanisch-Samoa, ist zwar wirklich eine der unattraktivsten Städte in der Südsee. Aber die anderen Dörfer und Landstriche dieses »Territoriums« der USA haben doch den Reiz des alten Polynesiens ebenso bewahrt wie die ländlichen Regionen in Westsamoa. Auf Samoa, vor allem aber auf der kleinen Insel Ta'u in der Manu'a-Gruppe, forschte die amerikanische Anthropologin Margaret Mead in den zwanziger Jahren nach dem »edlen Wilden« (siehe S. 98). Und Apia, Westsamoas Hauptstadt, läßt zwar noch den Südsee-Charme erahnen, den einst die deutschen Kolonialbeamten rühmten. Aber das strikte Sozialsystem, das die Dörfer Westsamoas bis heute prägt, ist auch in Apia kaum mehr spürbar. So unterschiedlich, wie es auf den ersten Blick erscheint, sind die samoanischen Schwestern gar nicht.

Sie streben auch nicht nach Wiedervereinigung, wenngleich der Wohlstand unter amerikanischen Farben höher ist als der unter der Flagge von Samoa i Sisifo, wie der westliche Staat auf polynesisch heißt. Da aber ungehinderter Reiseverkehr zwischen beiden Inselstaaten herrscht, profitieren sie gegenseitig vom Status des anderen, beispielsweise, wenn es um internationale Finanzhilfen geht.

Mausoleum auf der Mulinuu-Halbinsel

Viele Westsamoaner arbeiten mangels Jobs im eigenen Land in der Thunfisch-Industrie in Amerikanisch-Samoa. So sind die Verbindungen zwischen beiden Inselgruppen eng und vielfältig, wenn auch beide Staaten politisch unterschiedlich ausgerichtet sind. Der Blick in Amerikanisch-Samoa geht naturgemäß nach Washington, wo das Geld herkommt, ohne das dieses Territorium fast Bankrott anmelden müßte. Westsamoa blickt hingegen eher zur letzten Kolonialmacht, nach Neuseeland, das mit direkten und indirekten Leistungen hilft.

In Westsamoa sind mehr noch als in anderen Südseestaaten die alten Traditionen lebendig geblieben. Das zeigt sich selbst in der Hauptstadt Apia – von den Monumenten für die Ahnen bis zur Polizei, die jeden Morgen um Punkt 7.50 Uhr vor den Amtssitz des Regierungschefs marschiert. Der schottische Schriftsteller Robert Louis Stevenson schätzte dieses Traditionsbewußtsein so sehr, daß er ein Haus auf Upolu, der zweitgrößten Insel des Landes, erwarb. Es sollte die letzte Bleibe des kranken Mannes werden.

Samoa, die »Wiege Polynesiens«

Die Samoaner glauben, auf solche Hilfe Anspruch zu haben, sehen sie ihre Inseln doch als die »Wiege Polynesiens« und somit auch als Stammland der neuseeländischen Maoris an. Etwa um 1000 v. Chr. sind die ersten Polynesier von Asien her in Samoa eingetroffen. Darauf lassen Keramikscherben schließen, wie sie allerdings auch in Tonga gefunden wurden. Womöglich kamen die ersten Inselbewohner von Tonga, sicher ist, daß die größte und westlichste

Samoa-Insel, Savaii, um 950 nach Christus vom nahen Tonga beherrscht wurde. Die Samoaner sagen, Savaii sei identisch mit Hawaiiki, dem mythischen Reich aller Polynesier. Aber solche Ansprüche äußern auch andere polynesische Staaten.
Die gesamte Samoa-Gruppe besteht aus 14 vulkanischen Inseln und zwei

Wasserrutsche auf den Papasea Rocks

Atollen. Sie haben eine Landfläche von insgesamt 3131 Quadratkilometern. Den Löwenanteil nimmt Westsamoa mit den beiden Inseln Savaii und Upolu ein. Amerikanisch-Samoa, vom Westen durch den 171. Längengrad getrennt, besteht vornehmlich aus dem 145 Quadratkilometer großen Tutuila.
Die ersten Kontakte der Samoaner mit Europäern gehen auf die Tage der Walfänger zurück. 1722 »entdeckte« der Holländer Jacob Roggeveen die Inseln, er reklamierte sie für sein Königreich und gab ihnen holländische Namen. Roggeveen selber ging ebensowenig an Land wie 1768 Bougainville. Sein französischer Landsmann La Pérouse war 1787 interessierter, da aber die Samoaner nur Gemeinschaftseigentum kannten und sich deshalb auf den Schiffen selbst bedienten, kam es zu einem blutigen Konflikt, bei dem zwölf Franzosen und etwa dreimal so viele Samoaner starben. Nachdem auch die britische »Pandora« 1791 von Samoas Kanus angegriffen worden war, galten die Inseln

Die Fischer von Westsamoa fischen noch wie ihre Vorfahren vom Ausleger-Kanu aus

Eiland vor der Vava'u Beach

Einheimische am Strand

Vava'u Beach

Fales heißen die ovalen samoanischen Traditionshäuser

Jenseits aller Südsee-Idylle hat Samoa mit einer Vielzahl von Problemen zu kämpfen, die bisher etwa 100 000 Menschen zur Auswanderung bewogen haben. Hohe Arbeitslosigkeit und das noch immer von den Häuptlingen streng kontrollierte und an traditionellen Normen orientierte Dorfleben machen ganz besonders den Jugendlichen zu schaffen.

über viele Jahre als feindselig und wurden deshalb nur selten angesteuert.
Das änderte sich erst, nachdem der Londoner Missionar John Williams 1830 auf Savaii eine Gemeinde gegründet hatte. Er und die Missionare anderer Kirchen leisteten ganze Arbeit: Die Samoaner gelten heute als eines der frommsten Südseevölker.
Den Kirchenmännern folgten die Kaufleute. Bereits wenige Jahre nach Bau der ersten Kirchen unterzeichneten Briten und Amerikaner Handelsverträge mit Samoas Häuptlingen. 1855 gründete das Hamburger Handelshaus Johann Cäsar Godeffroy seine Filiale in Apia, erwarb Ländereien und legte Kokosplantagen an. Samoas Häuptlinge nutzten den Handel mit den Europäern, um an deren Feuerwaffen zu kommen. Mit ihnen versuchten sie, ihre Rivalen um die Vorherrschaft niederzuringen. Die Europäer wiederum nutzen diese Kämpfe, um ihre Interessen gegenüber ihren europäischen Konkurrenten durchzusetzen. 1889 lagen Kriegsschiffe aus drei Staaten im Hafen von Apia, die sich gegenseitig belauerten. Als ein Wirbelsturm aufzog, wollte keiner der Kapitäne auf die sichere hohe See auslaufen, um den Rivalen nicht die koloniale Vorherrschaft zu überlassen. Der Hurrikan schleuderte drei deutsche und drei amerikanische Schiffe auf die Riffe, allein das britische Schiff konnte im letzten Moment entkommen.

Krieg ums Paradies: Samoas Kolonialgeschichte

Diese Katastrophe brachte die drei Mächte soweit zusammen, daß sie sich auf einen von ihnen eingesetzten samoanischen Häuptling einigten. Der Kompromiß hielt jedoch nur bis Ende 1899, dann teilten die europäischen Mächte Samoa in eine amerikanische und eine deutsche Kolonie. Großbritannien wurde für seinen Verzicht in Samoa mit Kolonialrechten in anderen Südseegebieten entschädigt. Die deutsche Kolonie bestand nur bis 1914. Bald nach Beginn des Ersten Weltkriegs nahmen neuseeländische Truppen Deutsch-Samoa kampflos ein.
In den Jahren zuvor hatten sich die Deutschen einerseits Respekt durch eine effiziente Verwaltung und den Aufbau einer guten Infrastruktur erworben. Andererseits entstand in diesen Jahren

auf Savaii die »Mau«, die samoanische Freiheitsbewegung gegen die deutschen Kolonialbeamten. Denn der Gouverneur Solf entmachtete die einheimischen Adligen, unterstützte die deutschen Großgrundbesitzer und ließ sehr zum Unmut der Samoaner Melanesier und Chinesen zur Plantagenarbeit ins Land. Nachdem es zu Protesten und Auseinandersetzungen gekommen war, verbannten die Deutschen einige Mau-Führer in andere Südsee-Kolonien ins Exil.

Nach dem Krieg richtete sich die Mau-Bewegung gegen die neuseeländische Kolonialmacht, die ein Mandat des Völkerbunds und später der UN hatte, aber den Samoanern keine ernsthafte Mitbestimmung einräumte. 1929 schossen Neuseeländer bei einer Demonstration in Apia in die Menge, unter den elf Getöteten war auch der Führer der Mau. Die Spannungen verschärften sich bis zu einem Regierungswechsel 1935 in Neuseeland. Die neue Labourregierung ließ den Samoanern mehr politische Freiheit. Anfang 1962 stimmte in einem Referendum eine große Mehrheit der Samoaner für die Unabhängigkeit von Westsamoa.

Inselwelten am Tropf Amerikas und Neuseelands

Amerikanisch-Samoa war bereits 1929 offiziell zu einem Verwaltungsgebiet der USA geworden; 1960 erhielten die Inseln den Status eines Territoriums. Seither haben Samoaner zwar das Recht, jederzeit in die USA einzureisen, aber sie besitzen nur lokale Wahlrechte. Ausländer und US-Amerikaner dürfen in Amerikanisch-Samoa kein Land erwerben, sie dürfen auch keine Unternehmen gründen, die mit einheimischen Geschäften konkurrieren.

Amerikanisch-Samoa lebt weitgehend von Hilfsleistungen aus Washington. Das wichtigste Exportgut sind Thunfischkonserven, der Tourismus steuert wenig zum Haushalt von Amerikanisch-Samoa bei. In Westsamoa hat er eine größere und stetig zunehmende wirtschaftliche Bedeutung. Kopra, Taro und Kakao spielen daneben als Hauptausfuhrgüter eine schwindende Rolle. Auch in Westsamoa sind die Gelder für Entwicklungshilfe, die meist aus Neuseeland stammen, ein wesentlicher Haushaltsposten. Ebenso wichtig sind

Donnernd wird die See durch die Blowholes auf Savaii gepreßt (unten)

Kleine Stadt mit großen Kirchen: Safotu (unten)

Savaii ist zwar die größte der Samoa-Inseln, aber weitaus ruhiger als das benachbarte Upolu mit der Hauptstadt Apia und wird kaum von Touristen besucht. Die Vulkaninsel ist überwiegend von grüner oder lavaschwarzer Wildnis geprägt.

Die nach allen Seiten offene Fale-Bauweise läßt die Brise durch das Haus streichen

Über dem Mu-Pagoa-Wasserfall

Neues Leben auf Savaiis erstarrter Lava

Schwarzer Sand am Nuu Beach auf Savaii

für die Regierungen in Apia und Pago Pago die Überweisungen der in der Ferne lebenden Samoaner. Diese stabilisieren mit ihren Dollars für die Familienmitglieder in der Heimat die wirtschaftliche Lage der Inseln. Sie vermindern überdies den Bevölkerungsdruck auf Samoas kleinen Landflächen.

Die Enge wird besonders auf Upolu sichtbar, wo in den Küstenebenen die Dörfer dicht an dicht beieinander liegen und die Vororte von Apia an den Flanken des Gebirges immer höher steigen. Das Zentrum der Stadt ist die Beach Road rings um den Hafen, an ihr befinden sich alle wichtigen Gebäude. Orientierungspunkt ist der wie ein kleiner Leuchtturm wirkende Clock Tower zum Gedenken an die Toten des Ersten Weltkriegs.

In seiner Nähe steht die katholische Kathedrale von 1885. Sie war einst das Wahrzeichen der Uferstraße, inzwischen haben ihr allerdings die Neubauten der Samoa Central Bank und der Regierung den Rang abgelaufen. Natürlich sind im religiös geprägten Samoa auch die anderen Glaubensrichtungen, etwa die Wesleyians und die Anglikaner in Apia mit sehenswerten Kirchen vertreten. Bei der hölzernen Congressional Church sind die Gebeine von John Williams, dem berühmtesten Missionar der Südsee, beigesetzt. Er war 1839 von Kannibalen auf Vanuatu erschlagen worden, ein Denkmal erinnert an ihn.

Südseehotel mit Legende: »Aggie Grey's«

Wo der Vaisigano River im Osten unter der Beach Road hindurch ins Meer fließt, liegt eines der bekanntesten Hotels der Südsee: »Aggie Grey's«. Die legendäre, 1988 gestorbene Gründerin hatte rings um ihren Swimmingpool ein gemütliches und – nach polynesischen Standards – sehr gut geführtes Hotel errichtet. Es wird heute von ihrer Familie in ihrem Sinn fortgeführt. Nostalgiker beklagen zwar, daß nach Aggies Tod der alte Bau einer neuen »pseudokolonialen« Architektur weichen mußte, aber diese ist durchaus gelungen. Organisierter als einst sind heute die Fiafia-Abende, bei der die Tänze Samoas im Mittelpunkt stehen. Die hüftschwingenden Sivas sind nicht so erotisch wie die Tänze in Französisch-Polynesien oder auf den Cook-Inseln, aber Aggie verstand es noch als alte Dame, zu zeigen, welche Funken sich aus einem Siva schlagen lassen. Heute läßt ihre Enkelin die Hüften kreisen.

Der Markt am westlichen Ende der Beach Road offeriert heute nur noch Haushaltswaren, Textilien und Souvenirs. Der Handel mit Obst und Gemüse, der dem Markt besondere Farbe gab, ist mitsamt seinen Imbißständen stadteinwärts verlagert worden. Auch der Busbahnhof ist an den neuen Standort umgezogen, von dort aus steuern buntbemalte Busse oder umgebaute Lastwagen alle Dörfer der Insel an. Das entlastet an der Beach Road die Zufahrt zu der in die See ragenden, mit einer Vielzahl von Denkmälern gepflasterten Mulinuu Halbinsel. Das wichtigste Gebäude ist dort das Fale Fono, das teilweise im traditionellen samoanischen Baustil gehaltene Parlament.

Samoas Geschichtenerzähler Robert Louis Stevenson

Die beliebteste Ausflugsroute führt von Apia aus südlich in die Berge nach Vailima. In der heutigen Residenz des Präsidenten lebte einst der Schriftsteller Robert Louis Stevenson, der durch Romane wie »Die Schatzinsel« und »Dr. Jekyll und Mr. Hyde« weltberühmt wurde. Er kam aus gesundheitlichen Gründen in die Südsee und starb als vielgeliebter Tusitala, als Geschichtenerzähler, 1894 im Alter von 44 Jahren. Im ersten Stock des Gebäudes, das von einem herrlichen tropischen Garten umgeben ist, befindet sich nun ein kleines Stevenson-Museum. Das Grab des Tusitala oberhalb von Vailima auf dem 475 Meter hohen Mount Vaea ist eine der meistbesuchten Stätten Samoas. Es ist umgeben von mehreren Naturparks.

An der Südküste liegen einige weitere Naturreservate einschließlich des O Le Pupu Pu'e Nationalparks, dem nach einem dort gedrehten Hollywoodfilm benannte Return to Paradise Strand, und Salamumu, ein besonders schönes Dorf.

In Dörfern wie diesen prägt Fa'a Samoa wie seit Jahrhunderten den Alltag. Diese »Art Samoas« ist für Fremde kaum ganz zu durchdringen, deshalb sollten sich Touristen beim Dorfhäuptling anmelden, ehe sie ein Dorf durchstreifen. Fa'a Samoa ist sowohl Sozialstruktur wie auch starre Etikette. An beidem zerbrechen viele zwischen den Kulturen aufgewachsene junge Leute: Westsamoa hat eine der höchsten Selbstmordraten der Welt.

Grundlage des Fa'a Samoa ist die Aiga, die erweiterte Großfamilie, in der aller Besitz gemeinschaftlich ist. Aigas werden geleitet von Matais, diese Häuptlinge sind nicht an Erbfolgen gebunden, haben aber fast diktatorische Rechte. Die Titel werden nach Verdiensten und Fähigkeiten vergeben. Die Aigas sind unterschiedlich angesehen, ihre Matais haben entsprechend mehr oder weniger Gewicht im Staat. Insgesamt prägen die fast 20 000 Matais das politische Geschehen, da allein sie ins Parlament gewählt werden. Aber immerhin: Seit 1991 gibt es ein »allgemeines« Wahlrecht.

Auf dem ruhigeren Savaii ist die Macht der Matai noch verwurzelter. Die größte Insel wird von weitaus weniger Touristen besucht, obwohl rund um sie eine Straße führt und so die meisten Sehenswürdigkeiten gut erreichbar sind. Das gilt etwa für die Lavaströme, die an der Nordostküste das Dorf Mauga, eine Kirche und ein Grab aussparten. Bei Safotu führt ein Weg landeinwärts fast bis zum Krater des noch aktiven Mount Matavanu.

Im Nordwesten sind noch die Folgen der schweren Hurrikans von 1990 und 1991 zu spüren, vor allem auf der Falealupo Halbinsel, wo die Ruine der Kirche von den Zerstörungen zeugt. Für die Samoaner hatte die Katastrophe

Im Jean-P.-Haydon-Museum (unten)

In der Hauptstadt Pago Pago ist Amerikanisch-Samoa, das als »nicht-integriertes Territorium« zu den USA gehört, zwar unübersehbar vom »American Way of Life« gezeichnet. Aber jenseits des Einzugsgebietes dieser Stadt ist die langgestreckte Hauptinsel Tutuila von einem ländlich-ruhigen Rhythmus bestimmt. Das größte touristische Potential steckt jedoch in der phantastischen Landschaft. Deshalb hat Washington auch einen Nationalpark genehmigt, der allerdings nicht so gut organisiert ist wie die Parks in den USA.

Einkaufszentrum nach amerikanischem Vorbild in Pago Pago (unten)

Die Fischkutter entladen ihre Fänge an den Thunfischfabriken von Pago Pago

Samoaner

American Samoa Nationalpark (unten)

Two Dollar Beach bei der Hauptstadt Pago Pago

Ausgehen: Als bestes Restaurant gilt »Le Godinet's« (Tel. 2 36 90) auf der Mulinuu-Halbinsel, es ist auf Fischgerichte und Krustentiere spezialisiert. Europäisch inspirierte Küche bietet das «Apia Inn« (Tel. 2 10 10) im Ioane Vilitumu Building. Gute und herzhafte Kost serviert das Hotel »Aggie Grey's«. Dort, im Hotel »Tusitala«, in einigen anderen Hotels und im »Le Godinet's« finden auch an verschiedenen Abenden »Fiafias« statt: polynesische Tänze, artistische Einlagen, Feuerakrobatik und ähnliches. Eine Fiafia ist etwas sehr Typisches für Westsamoa, ein lohnendes Abendvergnügen. Polynesische Live-Musik bietet die Fale Bar im »Aggie Grey's« (Mo–Sa). Populäre Bars sind »Don't Drink the Water« und »Magrey Ta's Beer Garden«, alle in Apia.

Veranstaltungen: Die Independance Days sind die ersten drei Tage im Juni, an denen zahlreiche Veranstaltungen stattfinden. Höhepunkt ist ein Wettrennen der Fautasi, der traditionellen Langboote. Jeweils im September findet eine National Tourism Week statt (vorwiegend Folklore).

Information: Westsamoa Visitors Bureau, P. O. Box 2272, Apia, Westsamoa, Tel. 0 06 85/2 08 78, Fax 2 08 86.

Savaii

Karte: Seite 112/113, Planquadrat D 4.

Unterkunft: In der oberen Preisklasse gibt es auf Savaii keine Unterkunft, die besten Adressen rangieren in der Mittelklasse: das »Si'ufaga Beach Resort« (Tel. 5 35 18, Fax 5 35 35) und das »Safua Hotel« (Tel. 5 12 71, Fax 5 12 72).

Sehenswürdigkeiten: Die Attraktion Savaiis (1700 qkm) ist der noch aktive Vulkan Matavanu, zu dessen Kraterrand man auffahren und -steigen kann.

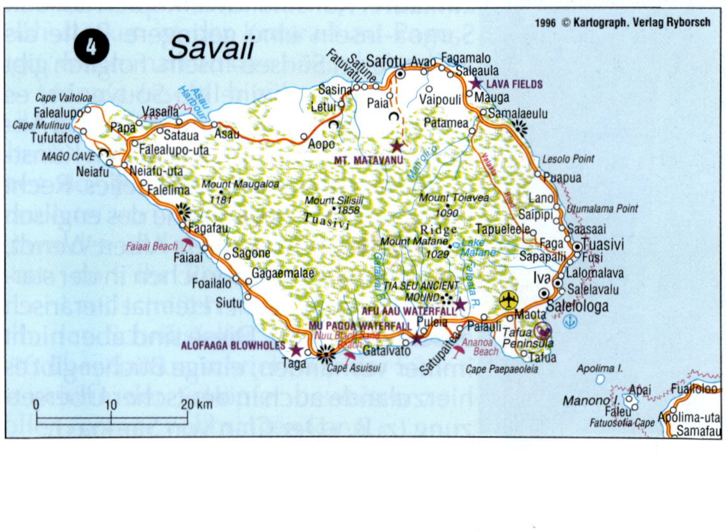

Sopo'aga-Wasserfall auf der Hauptinsel Upolu

Die Kirche auf der Halbinsel Falealupo wurde nicht geschont, als Wirbelstürme zu Beginn der neunziger Jahre schwere Schäden auf Savaii anrichteten; das Gotteshaus wirkt heute wie ein Mahnmal zur Erinnerung an die Kräfte der Natur. Menschenwerk ist hingegen der rätselhafte Terrassenbau von Pulemelei, die größte Ruine aus voreuropäischer Zeit im Südpazifik. Die besten Sandstrände gibt es bei Falealupo und beim Dorf Papa.

Ausflüge: Da es auf Savaii keine Vermieter gibt, nimmt man am besten sein Auto von Upolu mit der Fähre hinüber (Versicherungsschutz beachten).

Amerikanisch-Samoa

Karte: Seite 112/113, Planquadrat D 4.

Anreise: Reisen zwischen Westsamoa und Amerikanisch-Samoa: Polynesian Airlines, Hawaiian Airlines und die einheimische Air Samoa unterhalten Verbindungen zwischen beiden Inselgruppen. In Amerikanisch-Samoa werden neben der Hauptstadt Pago Pago auch die Inseln Ofu und Ta'u bedient. Es gibt eine Fährschiff-Verbindung zwischen Apia und Pago Pago, die Überfahrt dauert rund acht Stunden. Turnusmäßig soll das Schiff zweimal pro Woche in beide Richtungen gehen, bisweilen fällt aber eine Überfahrt aus. An Bord der Fähre gibt es keine Verpflegung. Die Fährtickets sollte man tunlichst mindestens einen Tag vor Abfahrt besorgen, in Apia bei der Westsamoa Shipping Corporation (2 09 35), in Pago Pago bei der Polynesia Shipping Company (Tel. 6 33 57 28).

Örtliche Verkehrsmittel: Samoa Air fliegt täglich von Pago Pago nach Ofu und Ta'u. Es gibt keine regelmäßigen Schiffsverbindungen zwischen den Inseln von American Samoa. Zwischen den Orten auf Tutuila verkehren recht zuverlässige Busse.

Unterkunft: Das bekannteste, teuerste, aber auch als heruntergewirtschaftet verschriene Hotel ist das »Rainmaker« (Telefon 0 06 84/6 33 42 41, Fax 6 33 59 59).

Sehenswürdigkeiten: Amerikanisch-Samoa (Tutuila 145 qkm) ist landschaftlich reizvoll, aber ansonsten arm an touristischen Attraktionen. In Fagatogo steht das Jean-P.-Haydon-Museum, die einzige Sammlung zur Geschichte und polynesischen Kultur der Insel (Mo–Fr 10–16, Sa 10–12 Uhr). Das koloniale Gouvernment House ist nicht zugänglich. Das ist hingegen – auf Voranmeldung – die größere der beiden Thunfisch-Konservenfabriken. Ein weiteres auffälliges Bauwerk ist im Inselwesten die relativ große Kirche von Leone, sie stammt von 1870 und ist damit das älteste Bauwerk auf Amerikanisch-Samoa.

Ausflüge: Bei Fahrten über die bergige Insel und die überwiegend asphaltierten Straßen stößt man immer wieder auf eindrucksvolle Panoramablicke und auf weiße, fast menschenleere Strände. In Höhe der Pago-Pago-Bucht sind an der Nordküste große Gebiete geschützt als American Samoa National Park, zu ihm gehören auch Regionen auf anderen Inseln, vor allem auf Ofu und Ta'u rund 100 km östlich von Tutuila. Insgesamt sind 38 qkm geschützt.

Ausgehen: Die beste Adresse für ein gepflegtes Abendessen ist »Sadie's« in Pago Pago, empfehlenswert ist ferner »Soli & Mark's«. Ansonsten gibt es reichlich Fast-Food-Lokale.

Information: P. O. Box 1147, Pago Pago, American Samoa 96799, Tel. 0 06 84/6 33 10 91, Fax 6 33 10 94.

Abendstimmung bei Ebbe an der Küste von Savaii

Baha'i-Tempel im Inneren von Upolu

Savaii: Die Wasserfälle von Puleia Mu Pagoa strömen direkt ins Meer

Sienis Beach mit der Felseninsel Nuutele

Ob schwarze Lava oder feiner weißer Sand – die Strände von Westsamoa sind ein wichtiges Kapital für den Wettbewerb der Südseestaaten um die Gunst der ausländischen Touristen. Die beiden Samoa-Gruppen, vor allem aber Westsamoa, können überdies noch lebendige polynesische Traditionen ins Feld führen.

Einsamer Angler am Paradise Beach auf Upolu

TONGA

Das letzte Königreich

Jedes Jahr im Juli feiert das Land mit Tänzen, Gesängen, Umzügen und Bootsregatten ausgiebig seinen König (Foto: Tongatapu, Heilala-Fest in Nuku'alofa). Und der gehört zu den wenigen Königen der Welt, die ihren Staat noch tatsächlich beherrschen und allseits respektiert werden. Doch langsam bröckelt die schon Jahrhunderte währende Macht des Königtums.

Tür mit Staatswappen: das alte Parlamentshaus von Tonga

Die Königsgräber in der Hauptstadt Nuku'alofa, wo Angehörige der Königsfamilie seit 1893 beigesetzt werden

Königspalast

Heilala-Fest (unten)

Kronprinz und Premier Tupouto'a (unten)

Königliche Frauengarde vor dem König im Thronwagen (unten)

Auch mit einem Fertighaus kann man Staat machen. Das beweist kein Bauwerk besser als der Königspalast von Tonga, das bekannteste und wohl auch meistfotografierte Bauwerk Polynesiens. Der strahlend weiße, viktorianisch verschnörkelte Holzbau ist in Neuseeland angefertigt und in Einzelteilen nach Nuku'alofa verschifft worden, wo er 1867 zusammengebaut wurde. Der Palast mit den charakteristischen roten Dächern – Rotweiß sind Tongas Nationalfarben – blieb unverändert, bis 1882 die zweistöckige Veranda angebaut wurde. Das dennoch eher bescheiden wirkende königliche Heim am Ufer der Hauptstadt ist von majestätischen Norfolk-Kiefern umgeben. Für Touristen ist der Palast allerdings tabu, sie dürfen ihn nur von ferne bewundern. Vor dem Portal stehen die gelangweilten Soldaten der Königlichen Garde und halten Wache, wo doch kaum etwas zu bewachen ist: Der König und die Königin leben nicht mehr hier, sondern in ihrem Palast in Fua'amotu beim Flughafen. Und so sind die Soldaten für jedes Schwätzchen dankbar.

Häufig kommt dabei das Gespräch auf das Thema Familie. Denn für die Tonganer spielen familiäre Verhältnisse eine zentrale Rolle bei der Einschätzung von Unbekannten: Die Familienzugehörigkeit bestimmt im letzten erhaltenen Königreich Polynesiens von alters her den Stand jedes Menschen. Die Monarchie ist rund 1000 Jahre alt, die Tonga-Inseln sind allerdings schon weitaus länger besiedelt. Archäologen haben nachgewiesen, daß schon 500 bis 1300 Jahre vor Christus trotz vulkanischer Aktivitäten Menschen in dem Archipel zwischen Samoa und Neuseeland gelebt haben. Die Inselgruppe erstreckt sich von Nord nach Süd über eine Länge von 560 Kilometern, mit jeweils rund hundert Kilometer breiten Seegebieten zwischen den Hauptinselgruppen Vava'u im Norden, Ha'apai in der Mitte und Tongatapu im Süden. Rund 250 Kilometer nördlich der Vava'u-Gruppe liegen noch die drei abgeschiedenen Niuas-Inseln; gut 150 Kilometer südwestlich ragt das kleine 'Ata aus dem Pazifik. Noch 200 Kilometer weiter südwestlich liegt das Minerva-Riff, das Tonga vor allem gegenüber Neuseeland als sein südlichstes Land beansprucht – allerdings ist hier nur bei Ebbe »Land« zu finden.

Der König von Tonga regiert zwar nur über ein kleines Land, er ist aber nach der tonganischen Verfassung einer der mächtigsten Monarchen der Welt. Im Regierungsalltag hat der Kronprinz den gesundheitlich angeschlagenen Herrscher weitgehend abgelöst. Die königliche Familie ist nicht nur auf der Hauptinsel Tongatapu hoch angesehen. Kein Untertan käme auf die Idee, einem Mitglied der Krone ohne die Ehrfurcht signalisierende Bastmatte um die Hüften gegenüberzutreten.

Wo das Land versinkt und die Zeit beginnt

Insgesamt bringt es Tonga inmitten eines Staatsgebietes von 362 000 Quadratkilometer Seefläche auf etwa 140 unbewohnte und 35 bewohnte Inseln. Diese summieren sich zu rund 690 Quadratkilometern festem Land – genaue Angaben lassen sich nicht machen, da die Vulkane immer mal wieder neue Inseln schaffen, das Meer andere Eilande hingegen verschlingt. Die jüngste, rund 15 Meter hohe Insel fand sich Mitte 1995 in der Ha'apai Gruppe, nachdem eine drei Kilometer hohe Dampfsäule den vulkanischen Auftritt gebührend vorbereitet hatte. Wieweit sie überlebt, bleibt abzuwarten – ein 1969 geborenes Eiland versank bereits einige Monate später wieder in der Südsee.

Tonga liegt zwar östlich des 180. Längengrads, der zugleich die internationale Datumsgrenze ist. Aber an dieser Stelle wurde bereits vor langer Zeit die Datumslinie nach Osten ausgebuchtet. Damit liegt Tonga unmittelbar westlich dieser gedachten Linie und begrüßt somit gemeinsam mit Neuseelands Chatham Inseln als erster Staat der Welt jeden neuen Tag. »Wo die Zeit beginnt«, heißt deshalb auch ein Werbeslogan Tongas. Diese besondere geographische Lage will das Königreich zum Jahreswechsel 1999/2000 mit Touristen aus aller Welt einträglich feiern. Kreuzfahrtschiffe haben bereits Liegeplätze angemeldet, Reiseveranstalter haben Zimmer in Tonga reserviert – und Flugzeuge, mit denen sie am Neujahrstag die kurze Strecke nach Samoa fliegen, wo dann noch das »alte« Jahr gilt und folglich abends eine zweite Silvesterparty möglich ist. Seit kurzem hat Tonga aber Konkurrenz bekommen: Kiribati hat in seinem Staatsgebiet ebenfalls die Datumsgrenze nach Osten verschoben – ein geographischer Unsinn, der eventuell aber ein paar tausend Dollar abwirft.

Auf Tongatapu, der Insel mit der Hauptstadt des Königreichs, sieht man diese Versuche der polynesischen Konkurrenz gelassen, hat doch Caroline Island, die östlichste Kiribati-Insel, gar nicht die Möglichkeit, mehr als eine Handvoll Besucher zu beherbergen. Tonga ist zwar, verglichen mit anderen Südseestaaten, auch nicht gerade touristisch hochgerüstet. Aber es kann zusätzlich den Reiz einer Monarchie bieten, mit einem Herrscher, der im Gegensatz zu seinen europäischen Kollegen noch das fast uneingeschränkte Sagen in seinem Staat hat. Die ersten Könige – sie trugen den Titel Tu'i Tonga – regierten gegen Ende des 10. Jahrhunderts, sie führten ihre Abstammung auf den Sonnengott Tangaloa zurück.

In Tonga hat der König noch das Sagen

Nach 24 Generationen mußten sie ihre Macht an eine neue Herrscherkaste aus dem Adel abtreten, an die Tu'i Ha'atakalaua, denen wiederum die Tu'i Kanokupolu, die Stammväter der heutigen Königsfamilie, folgten: 1845 wurde George Tupou I. inthronisiert. Er ernannte den britischen Wesley-Priester Shirley Baker zu seinem Ministerpräsidenten und ließ von ihm eine Verfassung schreiben, die bis heute die Macht des Königs und des Adels geschickt stabilisiert. Sie sieht neben dem König zwei Gremien vor: das Kabinett – im Beisein des Königs Privy Council genannt –, dessen Mitglieder aus dem Adel stammen und vom König bestimmt werden, und das Parlament. Ihm gehören neben dem Kabinett sieben Adlige an, die von den 33 Adelsfamilien gewählt werden, und neun freigewählte Nichtadlige. Gewählt wird alle drei Jahre.

Dieses Geflecht hat Tonga gut durch die Wirren des Kolonialismus in die Ge-

An der Vuna Wharf

Der Alltag im letzten Königreich der Südsee ist zumindest auf Tongatapu und in der Hauptstadt Nuku'alofa unübersehbar von westlichen Einflüssen geprägt. Mit dieser Lebensart kam auch erstmals ernstzunehmende Kritik an der Aristokratie und – eher hinter vorgehaltener Hand – am Königshaus ins Land. Im Jahr 1994 entstand schließlich eine Partei, die sich für Reformen einsetzt. Die Krise der Monarchie wurde auch durch vereinzelte Versorgungsprobleme verstärkt. An Nahrungsmitteln fehlt es dem Inselreich jedoch nicht, wie die gut bestückten Fisch- und Gemüsemärkte zeigen.

Der überdachte Fischmarkt in Nuku'alofa

Training der Kanuten an der Queen Salote Wharf

Auch Tongas Jugend trägt die Accessoires westlicher Popkultur

Markttag in Nuku'alofa

genwart geführt. Das Inselreich mußte zwar einen Protektoratsvertrag mit den Briten abschließen und wurde erst 1970 völlig souverän, es behielt aber stets seine innenpolitische Unabhängigkeit. Zu deren Absicherung diente in der Machtbalance auch ein bereits 1876 unterzeichneter Freundschaftsvertrag mit dem deutschen Kaiserreich. König George Tupou II. regierte 25 Jahre. Als

Rugby ist Tongas Sportart Nummer eins

er 1918 im Alter von 45 Jahren starb, übernahm seine achtzehnjährige Tochter Salote die Herrschaft. Die Mutter des heutigen Königs erwies sich als kluge, international geschätzte Monarchin, die hohe Verdienste um ihr Land erwarb und dort heute noch verehrt wird. 1965 bestieg Taufa'ahau den Thron, als junger König initiierte er wichtige soziale und wirtschaftliche Veränderungen.
Seit Ende der achtziger Jahre wächst jedoch bei allem tiefverankerten Respekt die Kritik an der feudalen und, wie viele Kritiker sagen, auch korrupten Adelsschicht. Besonderer Ärger entzündete sich an der Praxis der Regierung, tonganische Pässe für viel Geld an Asiaten zu verkaufen. Zu den Käufern zählten etwa Hongkong-Chinesen und die Marcos-Witwe Imelda; das eingenommene Geld – mehrere Millionen Dollar – verschwand, wie die Opposition sagt, nahezu spurlos in der tonganischen Oberschicht. Im März 1990 erlebte das Land schließlich die größte Protestkundgebung seiner langen Geschichte, als 2500 Menschen vor dem Königspalast in Nuku'alofa gegen den Paß-Verkauf demonstrierten.
1994 entstand die erste Partei Tongas, die sich demokratische Ziele gesetzt hat und nur noch eine repräsentative Monarchie erhalten will. Die Führer dieser Bewegung wurden auf Tongatapu mit

mehr als 50 Prozent der Stimmen ins Parlament gewählt, auch auf den Ha'apai Inseln konnten sich zwei Kritiker durchsetzen.

Die Autorität der Monarchie ist nicht mehr ungebrochen. Aber das ist eine Entwicklung, die Touristen nicht bemerken. Sie sehen nur, wie die Tonganer ihrem Herrscher und dem Adel mit Respekt begegnen. Die Nationaltracht symbolisiert dies: bei Frauen lange Röcke mit einem Gürtelschmuck namens »Kiekie«, bei Männern knielange Röcke mit einer Matte, der »Ta'ovola«, um die Hüften. Die Gürtel und die – auch von Frauen getragenen – Matten sind oft seit Jahrhunderten in den Familien und sehr wertvoll, insbesondere die »feinen Matten«, die aufwendig aus Pandanusfasern geflochten werden und Meisterstücke der berühmten tonganischen Handarbeiten sind. Oft sieht man Männer mit halbzerfetzten alten Matten, die aber dennoch von hohem spirituellem Wert sind.

Respekt vor dem Herrscher, Kritik an der Monarchie

Andere Respektsbekundungen gegenüber dem König verbieten, ihn direkt anzusprechen oder fordern, in seiner Gegenwart bestimmte Speiserituale zu beachten. Neben der politischen Kritik sind es solche »feudalistischen Rituale«, die tonganische Kritiker beklagen. Alle von ihnen haben in Neuseeland oder andernorts, wo sie Arbeit finden konnten, demokratischere Staaten kennengelernt.

Für den Tourismus ist die Monarchie hingegen ein zusätzlicher Anreiz, das gilt insbesondere für Besucher aus Deutschland, wo König Taufa'ahau ein regelmäßiger Gast ist. Der Monarch ist ein guter Deutschland- und exzellenter Bismarck-Kenner, er sieht im »eisernen Kanzler« ein politisches Vorbild. Die guten Verbindungen zwischen Deutschland und Tonga werden vermutlich anhalten, denn der Kronprinz Tupouto'a – von dem demokratische Veränderungen erwartet werden – spricht deutsch.

Seit Jahrzehnten kursiert in Tonga ein Gerücht, wonach ein deutscher Seemann aus einem Dorf bei Buxtehude mit einer tonganischen Prinzessin ein Kind gehabt habe und so deutsches Blut in Tongas königlichen Adern fließe. Bei Hofe reagiert man immer noch ungehalten auf das Thema. Nicht umstritten ist hingegen die Affäre, die der damals noch unverheiratete König George Tupou II. mit der hübschen Tochter des ersten deutschen Konsuls, Karl von Tressco, in Tonga hatte. Diese Liaison blieb allerdings ohne genealogische Folgen.

Folgenschwer war jedoch ein Interview, das der heutige König vor einigen Jahren einer deutschen Illustrierten gab. Er hieß darin die Deutschen als neue Bürger auf seinen Inseln willkommen. Als hunderte ihn beim Wort nehmen wollten, mußte der König klarstellen: Er wollte Investoren, keine Aussteiger. Die meisten sind ernüchtert zurückgekehrt – ohne klare Vorstellungen, wie man im vermeintlichen Paradies seinen Lebensunterhalt verdienen kann, ist ihnen schnell das Geld ausgegangen. Immerhin, einige Deutsche, Österreicher und Schweizer sind in Tonga heimisch geworden, sie betreiben beispielsweise Hotels, eine Bäckerei oder die Garage, die auch des Königs Mercedes-Flotte wartet.

Eine deutsche Zeitung hat den Herrscher kürzlich gefragt: »Der König von Tonga ist vermutlich die größte Touristenattraktion des Landes, und der Tourismus wiederum ist die größte Einnahmequelle. Könnte man so weit gehen, daß das Festhalten an der Monarchie auch als eine Art Tribut an den Tourismus zu bezeichnen?« Der König antwortete: »So weit würde ich nicht ge-

Zeremonielle Kava-Zubereitung (unten)

Gesellschaftliches Ereignis der Woche: der sonntägliche Kirchgang (unten)

Die Religionsgemeinschaften – überwiegend Methodisten, aber auch Katholiken, Mormonen, Adventisten und Zeugen Jehovas – spielen in Tonga traditionell eine große Rolle. Das Land kennt beispielsweise eine absolute Sonntagsruhe, während der den Einheimischen selbst das Schwimmen im Meer untersagt ist. Die Kirchen stützten auch die Pläne der Krone, ein Nationalzentrum zu bauen, in dem die polynesischen Traditionen des Königreichs gepflegt werden. Und weil dieses Zentrum gleichzeitig eine neue Touristen-Attraktion darstellt, wurde es schließlich auch mit japanischen Hilfsgeldern errichtet.

Ein großes Tapa-Tuch ist das Prachtstück des Tongan National Centre

Basilika St. Antonius

Wegweiser vor dem Touristikbüro (unten)

Das kleine deutsche Konsulat in Nuku'alofa

hen. Wir haben viele verschiedene Attraktionen, die Touristen anziehen.« Frage wie Antwort liegen richtig. Der König, der sein selbst für die massigen Polynesier stattliches Übergewicht früher gerne mit öffentlichen Fahrradrunden bekämpfte, ist fraglos die Hauptattraktion. Aber die Tonga-Inseln haben daneben mehr zu bieten als man vermutet. Das gilt selbst für die relativ fla-

Blowholes bei Houma auf Tongatapu

che und oft als nicht besonders reizvoll geschilderte Hauptinsel Tongatapu. Sie ist rund 260 Quadratkilometer groß, auf ihr leben etwa 65 000 der knapp 110 000 Tonganer.

Eine Reihe alter Villen im Kolonialstil, die Königlichen Gräber und einige beeindruckende Kirchen wie die 2000 Gläubige fassende Jahrhundertkirche oder die Basilika des Heiligen Antonius gibt es auf der Insel zu sehen. Am Sonntag sind die Gotteshäuser der 15 in Tonga vertretenen Glaubensrichtungen häufig bis auf den letzten Platz besetzt, denn die Tonganer gelten als ausgesprochen fromm. Der Sonntag ist Ihnen heilig, nirgendwo auf der Erde wird diese Kirchenregel so sehr beachtet: Nicht nur die Arbeit ist dann verboten, sondern auch jegliches Vergnügen. Keinerlei öffentlicher Verkehr, Geschäftstätigkeit oder Sport sind sonntags zugelassen. Nur für die Touristen gibt es seit wenigen Jahren einige Ausnahmen.

Als Treffpunkt der kleinen Hauptstadt dient der Park neben dem Palast, der auch für Sportveranstaltungen und zu Kava-Zeremonien genutzt wird. Bei diesen Ritualen wird die zuvor kleingestampfte Wurzel des Pfefferstrauches mit Wasser vermischt und nach festgelegten Regeln getrunken. Ursprünglich gab es kein gesellschaftliches Ereignis, das ohne Kava-Zeremonie stattfinden

Mit Tüchern und Blumen geschmückte Gräber sollen Respekt vor den Ahnen zeigen

Über den Gräbern hängen Flying Foxes

Auf Tonga gibt es noch ungelöste Rätsel. Niemand weiß zum Beispiel genau, zu welchem Zweck das massige Korallensteintor Ha'amonga a Maui diente. Auch um die Blowholes an der Südküste und um die alten Königsgräber im Osten der Insel ranken sich Legenden. Deshalb fehlt der Inselstaat in kaum einem esoterischen Reiseführer. In jedem Jahr treffen auf Tongatapu Touristen ein, die spirituelle Kraftzentren aufspüren wollen. Die Tonganer, die ansonsten zum Aberglauben neigen, beobachten jedoch diese Besucher mit einiger Skepsis.

Muschelsammlerinnen

Riffschweine auf Nahrungssuche (unten)

Prähistorischer Sternenkalender: Drei Korallensteine bilden Ha'amonga 'a Maui

konnte: Mit Kava begrüßte man Gäste, schlichtete Streitigkeiten, besiegelte Verträge, feierte Hochzeiten und Beerdigungen. Heute allerdings wird der Trank häufig auch den Touristen auf eigens für sie arrangierten Veranstaltungen gereicht.
Das in ganz Polynesien beliebte Kava ist eine trübe, wenig appetitanregende alkoholfreie Flüssigkeit, die etwas einschläfernd wirken soll. Kava erzeugt anfangs ein belegtes Gefühl im Mund, ist aber ansonsten geschmacksarm. Bei Touristen und anderen Gelegenheitstrinkern erzeugt Kava in der Regel keinerlei Wirkungen.

Polynesien en miniature: Tongan National Centre

Etwas außerhalb der Stadt, zwischen der Küste der Fanga-Uta-Lagune und der Straße zum Flughafen, entstand 1988 das Tongan National Centre. Die Häuser des »Dorfes« sind ovale Fales im angestammten Stil, Holzbauten mit Grasdächern. In den Häusern demonstrieren Kunsthandwerker, wie man Matten webt, Körbe flechtet, wie man Holz schnitzt, Kanus baut und alle diese Arbeiten mit traditionellen Mustern verziert. Dort wird auch gezeigt, wie man aus Maulbeerbaumrinde Tapa herstellt, dekorative Stoffe, die tischdekkengroß sein können, aber auch als mehrere hundert Meter lange Bahnen bei bedeutenden Festlichkeiten Verwendung finden können. Dazu wird die untere weiche Rindenschicht breitgeklopft und zu filzähnlichen Stoffen verbunden, auf die dann verschiedenfarbige Muster aufgebracht werden. Zwar gibt es die Tapa-Arbeiten auch auf anderen Südseeinseln, aber auf Tonga sind sie besonders schön und gelten als eine Art Nationalsymbol.
In einem kleinen Museum wird die Geschichte und alte Kunst der Inseln, in einem Anbau die Gegenwartskunst Tongas vorgestellt. In einem Freiluft-Amphitheater zeigen Tänzer die tonganischen Tänze; zu festgelegten Zeiten veranstaltet und erklärt das Zentrum Kava-Zeremonien oder die Zubereitung eines Festmahls im Umu, dem Erdofen.
Im Museum ist auf einer Karte die Lage der drei Hauptstädte Tongas verzeichnet. Von der ersten gibt es kaum noch sichtbare Zeichen. Die zweite jedoch,

Lapaha, heute Mu'a genannt, ist ein ausgedehnter Schatzgarten für Archäologen. Hier sind die Reste der früheren königlichen Grabanlagen noch gut zu erkennen: Meist sind es aufgeschüttete längliche Hügel, die seitlich von teilweise sehr großen Steinen in Form gehalten werden.

Der Eindruck dieser archäologischen Stätte verblaßt gegen das prähistorische Monument Ha'amonga 'a Maui an der Nordküste. Das auch Trilithon genannte Monument besteht aus drei tonnenschweren Korallenblöcken, von denen jeder etwa 30 bis 40 Tonnen wiegt. Zwei der länglichen, fast fünf Meter hohen Quader stehen aufrecht, der dritte liegt exakt eingepaßt quer auf ihnen auf, so daß insgesamt ein Tor entsteht. Das Trilithon hat nach Archäologenansicht Tu'itatu'i, der elfte Tu'i Tonga, um 1200 erbauen lassen. Seine Bedeutung ist noch nicht völlig geklärt. Eine eingeritzte Linie, die den Sonnenstand zur südlichen Wintersonnenwende anzeigt, läßt eine Art Kalender vermuten. Dafür spricht auch, daß die Wege vom Trilithon zur nahen Küste auf die Sonnenstände zum längsten wie zum kürzesten Tag und zur Tag-Nacht-Gleiche ausgerichtet sind. Der König höchstpersönlich hat sich lange Zeit der Erforschung dieses rätselvollen steinernen Zeugnisses gewidmet. Auch er kam zu dem Schluß: Das Trilithon war wohl ein Kalender und nicht die Umrahmung eines Königsthrons oder das Eingangstor zur königlichen Stadt, wie man bis in die fünfziger Jahre hinein vermutete.

Monumentaler Steinkalender: Ha'amonga 'a Maui

Der Trilithon gab den Priestern die Möglichkeit, genaue Sonnenstände vorherzusagen und damit womöglich den nützlichen Anschein übernatürlicher Kräfte. Das verstehen übrigens auch die kleinen Mädchen an den bekannten Blowholes bei Houma an der Südwestküste, wo das Wasser des Ozeans bei Seegang durch unterirdische Höhlen unter Pfeifen und Dröhnen bis zu 25 Meter in die Höhe steigt.

Wenn die See einmal ruht und keine Welle anrollt, um das Naturspektakel in Gang zu setzen, versprechen die Mädchen bisweilen, eine entsprechende Welle »herbeizurufen«. Als Gegenleistung wird ein kleiner Beitrag zum

Vava'u: St. Josephskirche . . . . . . und europäischer Friedhof in Neiafu (unten)

In einem alten Kanu haben Fischerinnen Seegurken gesammelt (unten)

Die Vava'u-Gruppe liegt weit im Norden Tongas, aber näher an den historischen Schiffsrouten als Tongatapu. Deshalb hatten die Vava'u-Inseln auch schon früher Kontakt mit Europäern als die anderen Inseln des Königreichs. Auf den Einfluß dieser Handelskontakte geht auch der Vanilleanbau auf Vava'u zurück.

»Schulgeld« erwartet. Dann stellen sich die Kinder an die Klippe und rufen etwas wohlklingendes Polynesisches zum Meer hinaus. Und tatsächlich, nach ein paar Minuten rollt eine Woge an, die zumindest kräftig genug ist, um eine kleine Fontäne aus den Felslöchern zu jagen. Mythische Kräfte? Nein, die Kinder kennen das Meer und wissen aus Erfahrung, wann selbst bei ruhiger See eine genügend große Welle anrollt.

Vanillepflanzen

Von Gewässern durchzogen: Vava'u

Nach der Ernte trocknen die Vanilleschoten in der Tropensonne

Obwohl es eine Flugverbindung zwischen Tongatapu und den Ha'apai-Inseln gibt und dort einige besonders schöne Strände warten, liegen die Ha'apais abseits der Touristenrouten. Auf der Insel Lifuka unterhält der König im Hauptort Pangai eine kleine viktorianisch anmutende Residenz. Am nördlichen Ende des Ortes ist der ehemalige Missionar Shirley Baker begraben. Er wurde als Berater von König George Tupou I. der erste Ministerpräsident Tongas. Bei dem Grabmal sind auch weitere Europäer, hauptsächlich Briten und Deutsche bestattet. Lifuka ist mit der nördlichen Nachbarinsel Foa über einen Damm verbunden, zur südlichen Nachbarinsel 'Uoleva kann man bei Ebbe hinüberwaten. Die Insel ist bis auf ein Ferienhotel unbewohnt.

Die wenigen Touristen, die außer Tongatapu weitere Inseln besuchen, fliegen meist ins Vava'u-Archipel. Es ist dank seiner vielen Buchten, Eilande und tropisch überwachsenen Hügel eine der schönsten Inselgruppen der Südsee. Touristisch etwas erschlossen ist aber nur Neiafu auf Vava'u, wo auch die Fähre vom 275 Kilometer entfernten Tongatapu anlegt. Der Hafen, von seinem spanischen Entdecker Francisco Mourelle 1781 Puerto del Refugio genannt, ragt tief wie ein Fjord ins Land und ist wegen seiner Schönheit besonders bei Seglern geschätzt. Die Stadt, mit 5500 Einwohnern die zweitgrößte Tongas, wirkt mit ihren betagten Holzbauten wie von leichter Patina überzogen, ist aber recht lebendig. Und während der Saison verschaffen die vielen Segler aus aller Welt dem Städtchen zusätzliches Flair.

Vava'u: Archipel der Eilande, Buchten und Höhlen

Zu den beliebtesten Bootsausflügen gehören Fahrten zu den Inseln und Inselchen im Südwesten mit ihren weißen Badestränden und buchtenreichen, zerklüfteten Küsten, nach Nuapapu, Nuku und Kapa. Das unbewohnte Nuku ist eine beliebte Badeinsel, oft verlangen jedoch die Bewohner der Nachbarinseln Geld für die Benutzung der Strände. Auf Kapa ist eine nur vom Wasser aus zugängliche Höhle die Hauptattraktion. In die Swallow's Cave kann man nur mit kleinen Booten einfahren, das Wasser in ihr ist zwar tief, aber klar und schillert von dunkelblau bis smaragdgrün in allen Farben.

Auf Nuapapu können bei ruhiger See auch unerfahrene Schwimmer in die nur unter Wasser zugängliche Mariner's Cave tauchen. Der Unterwassertunnel ist gut drei Meter lang, dahinter öffnet sich eine fast 15 Meter hohe Höhle, in der einst ein junger Fürst seine vom Tod bedrohte Geliebte verborgen haben soll. Der erste Europäer, der die Höhle sah, war Will Mariner, ein englischer Schiffsjunge auf dem Freibeuterschiff »Port au Prince«. Das Schiff wurde 1806 von Tonganern überfallen, Mariner war einer der wenigen Überlebenden. Er wurde vom König in seinen Hofstaat aufgenommen und durfte erst nach vier Jahren in seine Heimat zurückkehren. Dort schrieb er mit einem Wissenschaftler ein Buch über seine Zeit auf Tonga, damals ein Bestseller. Der Mann, der dieses Abenteuer »unter Wilden« überlebt hat, starb übrigens tragisch: Er ertrank in der Themse.

Südseeromantik pur: Sonnenuntergang auf Tongatapu

Kreisrund lassen die Korallen die meisten Atolle wachsen

Glasklar und warm ist das Wasser innerhalb der Lagune

Tongatapu

Karte: Seite 112/113, Planquadrat E 4.

Anreise: Der internationale Flughafen wird von Air New Zealand, Air Pacific, Hawaiian Airlines, Polynesian Airlines und der einheimischen Royal Tongan Airlines angeflogen.

Örtliche Verkehrsmittel: Die Fluglinie Royal Tongan Airlines (Tel. 2 34 14, Fax 2 40 56) verbindet Tongatapu mit den Inseln Neiafu, 'Eua, Ha'apai, Niuafo'ou und Niuatoputapu.

Es gibt verschiedene Fähren für den Verkehr zwischen den Hauptinseln. Die größte ist die »Olovaha«, 1981 in Bremen für die Polynesian Shipping Corporation (Tel. 2 16 99) gebaut. Auch auf ihr sind wie auf den Fähren der Walter Line (Tel. 2 39 89) die hygienischen Verhältnisse miserabel. Wer auf den meist überfüllten Fähren zwischen den drei Archipelen Tongatapu, Ha'apai und Vava'u per Schiff unterwegs sein muß, sollte sich Verpflegung und einen Schlafsack oder zumindest eine Unterlage für einen Platz an Deck mitbringen. Unter Deck ist die Luft unangenehm stickig. Die Fahrt bis Ha'apai dauert rund 10, die bis Vava'u etwa 20 Stunden; für die Strecke zwischen Tongatapu und 'Eua sind gut 2 Stunden einzuplanen.

Buslinien gibt es auf den Inseln Tongatapu, Neiafu und 'Eua, auf die Fahrpläne ist allerdings nicht viel Verlaß. Sonntags ruht jeglicher öffentlicher Verkehr.

Unterkunft: Die erste Adresse ist das »International Dateline Hotel« (Tel. 2 34 11, Fax 2 34 10) in Nuku'alofa, ein Staatshotel mit Servicemängeln. Alternativen sind das preislich etwas günstigere »Pacific Royal Hotel« (Tel. 2 33 44, Fax 2 38 33), das früher »Ramanlal Hotel« hieß, und das in einen Garten gebettete »Papiloa's Friendly Islander Hotel« (Tel. 2 38 10, Fax 2 41 99), in dem am Wochenende aber der Diskolärm stört. Preislich sehr günstig ist das schlichtere, doch gepflegte Gästehaus »Breeze Inn« (Tel. 2 39 47). Von den außerhalb der Stadt gelegenen Hotels ist das »Good Samaritan Inn« (Tel. 41022) auch wegen seiner guten Küche geschätzt. Da dort fast nur Ausländer übernachten, ist der Strand vom sonstigen Badeverbot am Sonntag ausgenommen. Das gilt auch für das von einem Deutschen geführte »Fafa Island Resort« (Tel. 2 28 00, Fax. 2 35 92), eines der besten Ferienhotels auf den vorgelagerten Mini-Inseln.

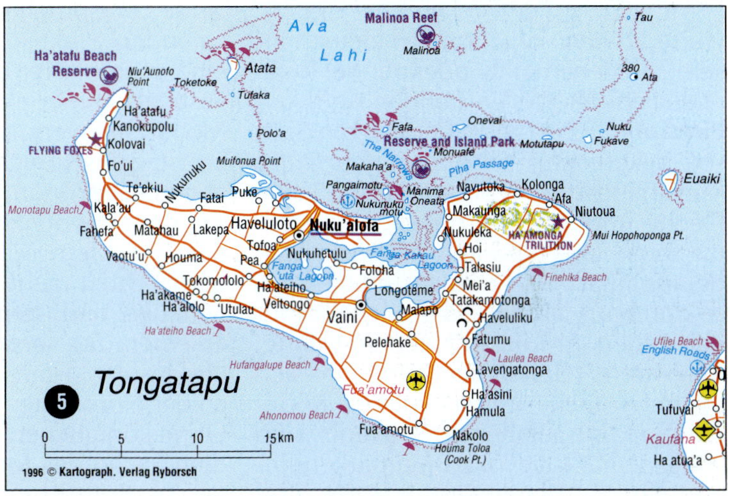

Sehenswürdigkeiten: Die Hauptstadt Nuku'alofa kann man in drei Stunden bequem erkunden. Ein günstiger Startort ist der – nur von außen zu besichtigende – königliche Palast am Ufer. Ebenfalls nur vom Zaun her sichtbar sind die zwei Straßenblocks entfernten Grabmonumente der königlichen Familie. Nachbarn dieses exklusiven Friedhofs sind die moderne Antonius-Basilika und das mehr als hundert Jahre alte Gotteshaus der Wesleygemeinde. Vorbei am deutschen Honorarkonsulat in der Taufa'ahau Road geht es zurück zum Ufer. Dort hat das Informationsbüro für Touristen insbesondere bei Kreuzfahrtschiff-Visiten eine strategisch günstige Lage, deshalb entsteht an diesen Tagen auch sogleich ein Souvenirmarkt rings um die Fale. An ihr haben tonganische Baumeister bewiesen, daß sie die traditionelle Bauweise mit runden Formen und Schilfdächern noch beherrschen, auch wenn kaum noch ein Tonganer in solch einem Haus lebt. Die weit ins Inselinnere reichende Lagune liefert den passenden Hintergrund: Am südlichen Stadtrand liegt das gut gelungene Tongan National Centre mit seinem historischen und ethnologischen Museum und den Werkstätten der Kunsthandwerker. Am westlichen Ende der Insel hängen bei Kolovai tagsüber die »Flying Foxes«, eine Fledermausart, in den Bäumen ihres Schutzgebiets. An der Südküste nahe Houma steigen bei bewegter See die Wassersäulen bis zu 30 m hoch aus den Felsspalten der »Blowholes« auf. Im Inselosten liegen die wichtigsten archäologischen Stätten Tongas: die ausgedehnte Anlage der alten Königsgräber in Lapaha beim heutigen Dorf Mu'a (Mei'a), und das Trilithon. Dieses mächtige, etwa 800 Jahre alte Monument aus Korallenstein, polynesisch Ha'amonga 'a Maui genannt, diente vermutlich lange vor Eintreffen der ersten Europäer den polynesischen Priestern als astronomischer Kalender.

Ausflüge: Angesichts der unzulänglichen Busangebote ist ein Mietwagen auf Tongatapu hilfreich, Motorroller sind im Hinblick auf den allgegenwärtigen Korallenstaub Geschmackssache. Auf den anderen Inseln sind aber wegen der Straßenverhältnisse leichte Mietmotorräder sinnvoller. Die Mietpreise erhöhen sich allerdings durch die Pflicht, für zehn Tonga-Dollar eine temporäre Fahrerlaubnis für das Königreich zu erstehen. Dies geht bei Vorlage eines heimischen Führerscheins in der Polizeistation schnell und komplikationsfrei. Auf den Außeninseln muß man hin und wieder vor der Wache eine Schleife auf dem Moped ziehen, um dem »Prüfer« zu beweisen, daß man die Balance halten kann. Auf Tongatapu kann man in einigen Fällen eine Unterkunft mit Mietwagen buchen. Alle Inselgruppen bieten interessante Bootstouren, auf Tongatapu beispiels-

Flug über die Ha'apai-Gruppe

weise zu den vorgelagerten kleinen Inseln, auf denen mehr oder minder luxuriöse Ferienhotels entstanden sind.

Einkäufe: Tonga ist in der ganzen Südsee bekannt für sein besonders gutes Kunsthandwerk, vor allem für seine Flecht- und Schnitzarbeiten, aber auch für seine Tapa-Arbeiten. Gemessen an der Qualität vieler Stücke sind die Preise durchaus attraktiv, das gilt selbst für den Laden im Tongan National Centre. Besonderer Beliebtheit erfreuen sich Schmuckstücke mit schwarzen Korallen. Ein ausgefallenes Souvenir sind Tongas phantasievolle Briefmarken: Innerhalb des Königreichs hat die Insel Niuafo'ou das Recht, ihre eigenen Marken drucken zu lassen. Die Sammlermarken sind in den Postämtern erhältlich.

Die Banken sind in der Regel Mo–Fr von 9.30–15.30 Uhr geöffnet, auch einige Hotels wechseln Geld, allerdings zu einem etwas schlechteren Kurs. Kreditkarten werden in allen touristisch geprägten Unternehmen akzeptiert. Sonntags sind ausnahmslos alle Geschäfte und Einrichtungen bis hin zu den Buslinien und dem Flughafen geschlossen.

Ausgehen: Nuku'alofa ist gemessen an seiner Größe recht gut versorgt mit Restaurants. Tongas Spitzenrestaurant ist »Davina's« (Tel. 2 33 85), das vorzugsweise Fischgerichte und Schalentiere anbietet. »Davina's Too« ist ein großes Glasbodenboot, mit dem der Wirt bisweilen preiswerte Ausfahrten mit Buffet veranstaltet. Fleischgerichte sind hingegen die Spezialität des »Wharfside Restaurant« (Tel. 2 40 84), das wie »Davina's« am Queen Salote Kai liegt. Das Restaurant des »International Dateline Hotel« (Tel. 2 34 11) bietet zwar nur gehobene Durchschnittskost, ist aber einer der wenigen Plätze, an dem man sonntags etwas zu essen bekommt. Ein besonderes Abendessen serviert das Tongan National Centre (Tel. 2 30 22): Nach polynesischen Spezialitäten wie Fisch, Krabben, gebratenem Spanferkel und Gemüsen folgt eine einstündige polynesische Tanzschau.

Wie auf den meisten Südseeinseln ist auch auf Tongatapu Freitag die große Ausgehnacht. Dann spielen im »Ambassador Club« im Vorort Tofoa tonganische Bands zum Tanz auf.

Veranstaltungen: Die Tonganer feiern gerne, entsprechend voll ist ihr Festkalender. Praktischerweise haben die einzelnen Inselgruppen ihre jeweiligen Festivals immer mit einem Feiertag der Monarchie verknüpft. So ist der Geburtstag des Königs am 4. Juli – es ist zugleich der Krönungstag – auch der erste Tag des einwöchigen Heilala-Festivals, das vor allem auf Tongatapu gefeiert wird. Dazu gehören unter anderem Umzüge und sportliche Wettkämpfe; an einem Tag versammeln sich zahlreiche Insulaner mit brennenden Fackeln an der Nordküste.

Ohne königlichen Gedenktag, aber mit dem Segen des Monarchen, veranstaltet das Rote Kreuz alljährlich im Mai eine Festwoche.

Information: Tonga Visitors Bureau, P. O. Box 37, Nuku'alofa, Tonga (Tel. 0 06 76/2 35 07, Fax 2 21 29).

Vava'u

Karte: Seite 112/113, Planquadrat D 4.

Anreise: Friendly Islands Airway fliegt von Tongatapu täglich zu Tongas zweitem internationalen Flughafen auf der Insel Neiafu im nördlichen Vava'u-Archipel. Zweimal wöchentlich wird Pago Pago (Amerikanisch-Samoa) angeflogen.

Unterkunft: In Neiafu ist das oberhalb der Stadt gelegene »Paradise International Hotel« (Tel. 7 02 11, Fax 7 01 84) die beste Wahl.

Sehenswürdigkeiten: Im Gegensatz zum flachen Tongatapu sind die Vava'u-Inseln gebirgig und tropisch bewuchert. Dank ihrer »Tropenfjorde« ist die Vava'u-Gruppe zu einem beliebten Revier für Segler geworden.

Ein herrlicher Ausblick über den Hafen bietet sich vom Mount Talau (131 m); am 'Utula'aina Point an der Nordküste bei Holonga kann man die Felsküste mit ihren bis zu 100 m hohen Klippen gut überblicken. Bei Neiafu, der idyllischen Inselhauptstadt, hat die staatliche Vanille-Plantage ihre Tore für Besucher geöffnet (Tel. 7 00 38).

Ausgehen: Eine gute Adresse in Neiafu ist das familiär geführte »Ocean Breeze Restaurant« (Tel. 7 05 82).

Veranstaltungen: Vava'u beginnt seine Festwoche (Umzüge, Wettkämpfe) am 4. Mai.

Ausflüge: Ein herrliches Ausflugsgebiet und Segelrevier bilden die rund 40 vorgelagerten Inseln. Mehrere Unternehmen bieten ein- oder mehrtägige Fahrten (z. B. Vava'u Watersports, Neiafu, Tel./Fax 7 01 93 mit einem Jet-Boot) sowie Charter-Yachten (z. B. »The Moorings«, Neiafu, Tel. 7 00 16, Fax 7 04 28). Kajaks, Tauchausrüstungen und Surfboards kann man sich ebenfalls ausleihen.

Information: Neiafu, Fatafehi Rd., P. O. Box 18, Vava'u (Tel. 7 011 5).

Residenz des britischen Hochkommissars auf Tongatapu

Das chilenische Schulschiff »Esmeralda« und ein gestrandeter Trawler vor Tongatapu

Die Parade der Schulkinder beim Heilala-Fest

Centenial Church in Nuku'alofa

Palmenstrand von Fafa Island

Seit mehr als 600 Jahren ist die Insel Tongatapu das Machtzentrum des Königreichs. Deshalb haben sich nicht nur die Verwaltung, sondern auch die Wirtschaft und die Kultur ganz auf diese flache Insel im Süden des Staates konzentriert. Jedes Jahr im Juli feiert die Hauptstadt Nuku'alofa das Heilala-Festival, eine große Festwoche mit Paraden und Sportwettkämpfen, Schönheits-, Blaskapellen- und Tanzwettbewerben.

Frauen warten an der Vuna Wharf auf die heimkehrenden Fischer

FIDSCHI Die Inseln der Kannibalen

Lange Zeit war Fidschi als Land der »Menschenfresser« verschrien und wurde gemieden. Heute ist es die wichtigste Destination in der Südsee. Und das ganz zu recht, denn es bietet schöne Landschaften (Fotos: Taveuni), zahlreiche Aktivitäten und eine für die Südsee einzigartige kulturelle Vielfalt. Zudem ist Fidschi der größte und politisch bedeutendste Staat der Region.

Vom Busbahnhof in der Inselhauptstadt Suva kann man fast jeden Ort auf Viti Levu erreichen

Ländliches Fidschi: Dorf auf Viti Levu

Wachsoldat vor dem Regierungssitz in Suva

Mit Tüchern geschmückte Gräber

Bula – das wichtigste Wort auf allen Fidschi-Inseln hört der Besucher schon an der Paßkontrolle. »Bula« ist eine herzliche Begrüßung und ehrlich gemeint. Die Fidschianer, einst die gefürchtetsten Kannibalen der Südsee, sind heute eines der freundlichsten Völker der Welt. Mit dem ersten »Bula« – es bedeutet Leben oder Gesundheit – erfährt der Gast aber auch die erste Eigentümlichkeit der Sprache in Fidschi: Der Buchstabe b wird mb ausgesprochen – Mbula. Und wenn der Gast auf dem internationalen Flughafen von Nadi eintrifft, lernt er dort auch eine zweite sprachliche Eigenheit kennen: d wird nd ausgesprochen. Aus Nadi wird im Gespräch Nandi. Diese und weitere sprachliche Eigenheiten sind auch auf anderen Inseln üblich.

Wenn die Besucher aus einem polynesischen Land einreisen, wird ihnen noch etwas auffallen: Die Fidschianer sehen anders aus. Während die Polynesier bronzebraun sind und glatte dunkle Haare tragen, sind die meisten Fidschianer deutlich dunkler, ihr Haar ist kurz und kräftig gekräuselt. Hier merkt man, daß Fidschis Inseln – außer dem rein polynesischen Rotuma im äußersten Norden des Landes – zum melanesischen Teil der Südsee gehören. Allerdings relativiert sich diese Zuordnung nicht nur durch die sprachliche Verbindung mit Polynesien, Fidschi hat seit alters her enge Kontakte mit Tonga und Samoa. Fidschi ist das Scharnier zwischen Polynesien und Melanesien. Überdies mischen sich zumindest auf der Hauptinsel Viti Levu seit vielen Jahrhunderten Menschen aus aller Herren Länder.

Ganz abgesehen davon hat jedes zweite Gesicht in Fidschi ohnehin indische Züge, denn die Hälfte aller Bewohner ist indischer Herkunft. Die britischen Kolonialherren hatten die Inder einst in großer Zahl als Arbeitskräfte für die Zuckerrohr-Plantagen ins Land geholt. Jährlich reisten zwischen 1879 und 1916 rund 2000 Menschen an. Erst dann wurde der Zustrom gestoppt.

Fidschi: seit Jahrhunderten Ziel von Einwanderern

Die Fidschi-Inseln sind seit rund 3500 Jahren besiedelt, Austronesier wanderten damals von Indonesien her ein. Das können Archäologen anhand von Lapida-Töpferwaren nachweisen. Tonscherben belegen, daß die Austronesier vor mehr als 40 000 Jahren aus Asien erst bis nach Australien kamen und um 1500 vor Christus begannen, von Insel zu Insel tiefer in den Südpazifik vorzudringen. Es folgten zwei weitere Besiedlungswellen. Mit der letzten, die um 1000 nach Christus begann, wanderten die Melanesier ein. Mit ihnen entstand eine Sozialordnung, in der die Häuptlinge absolute Herrscher über Leben und Tod waren.

Die verschiedenen Stämme waren zwar durch Hochzeiten untereinander verwoben, das hinderte sie aber nicht, gegeneinander blutige Kriege zu führen. Zu den Ritualen gehörte es, die unterlegenen Gegner aufzuessen – die höchste Schmach, die man Feinden zufügen konnte. Kannibalismus war zwar bis zum Eintreffen der Missionare in der Südsee weit verbreitet, aber nirgendwo wurde er so eifrig betrieben wie in Fidschi. Das Museum in Suva zeigt noch die eigenwilligen vierzackigen Holzgabeln, mit denen Menschenfleisch verzehrt wurde. Nachbildungen solcher Gabeln sind heute ein ausgesprochen beliebtes Souvenir.

Der erste Europäer, der im Fidschi-Archipel kreuzte, war 1643 der Niederländer Abel Janszoon Tasman, der aber nicht an Land ging. Ganz anders der interessiertere James Cook, der 1774 auf

Koloniale Architektur in Suva (unten)

Rekonstruierter Tempel im Orchid Island Cultural Centre bei Suva (unten)

Die Hauptstadt von Fidschi, Suva, ist neben Papeete die größte und wichtigste Stadt in der Südsee. Hier laufen nicht nur die Buslinien auf der über 10 000 Quadratkilometer großen Hauptinsel Viti Levu zusammen, auch die Schiffs- und Flugverbindungen zu den rund 300 Außeninseln sind hier gebündelt. Darüber hinaus ist Suva der Standort vieler gemeinsamer Unternehmen der Inselstaaten, etwa der Universität des Südpazifik. Deshalb haben auch viele internationale Organisationen in Suva ihr Hauptquartier. In Suva hat zudem der Regierungschef seinen Sitz, die meisten Kaufleute arbeiten hier, und auch die meisten Museen Fidschis werden von Suva aus betreut.

dem heutigen Vatoa landete und Karten anfertigte. Die meisten Informationen über die Fidschis sammelte indes einige Jahre später ein Mann, von dem man es wohl am wenigsten hätte erwarten dürfen: Captain William Bligh, der kurz zuvor in einem Beiboot ausgesetzt worden war, nachdem ein Teil seiner Mannschaft auf der »Bounty« gemeutert hatte (s. Seite 100/101).

Bligh, der bei Cooks dritter Pazifikreise mit an Bord gewesen war, kannte aus tonganischen Schilderungen den Ruf der Fidschianer als Kannibalen. Als er nun sein kleines waffenloses Boot quer durch das unerforschte, von Riffen durchzogene Gebiet der Fidschi-Inseln steuerte, wußte er um die Gefahr. Trotz aller Erschwernisse legte er nebenbei noch Karten an. In den Yasawas nahmen zwei schnelle Fidschi-Kanus Kurs auf das Bounty-Beiboot, aber es gelang Bligh, den Kannibalen zu entkommen.

»Zuckerzug« während der Erntezeit

Mit den Europäern kamen auch die Feuerwaffen nach Fidschi. Die Fehden wurden nun noch blutiger, zumal sich die Häuptlinge nicht nur der Waffen, sondern auch weißer Söldner versicherten. Einer von ihnen war der Schwede Charlie Savage, der dem Häuptling Cakobau auf Bau zur Seite stand. Die kleine Insel an der Ostküste von Viti Levu entwickelte sich damals zum neuen Machtzentrum, Cakobau unterwarf von 1829 an schrittweise den größten Teil von Viti Levu. Als 1849 das Haus des amerikanischen Handelskommissars bei einer Feier in Brand geriet, plünderten die Fidschianer das Warenlager.

Dies wurde Cakobau, dem selbsternannten König von Fidschi, angelastet. Er sollte 45 000 Dollar Entschädigung an Amerika zahlen, damals eine sehr

Das Dorf Navala im Inneren von Viti Levu besteht noch aus traditionellen Strohdachhäusern

Zuckerrohr: wogende Felder . . .

. . . bei der Ernte (unten)

Für Fidschi ist Zucker immer noch einer der wichtigsten Exportartikel. Deshalb findet man in küstennahen Gebieten zahlreiche Zuckerrohrfelder. Sie sind meist von Indern gepachtet, von den Nachfahren jener Arbeiter, die britische Kolonialherren einst für die Zuckerwirtschaft zu Tausenden ins Land geholt hatten.

Im Cultural Centre bei Pacific Harbour

Hindutempel in Nadi: Etwa die Hälfte aller Einwohner Fidschis stammt aus Indien

große Summe. Als ein amerikanisches Kriegsschiff vor Fidschi ankerte, um die Schuld einzutreiben, bot Cakobau 1858 den Briten an, die Inseln als Kolonie zu übernehmen und dafür die amerikanische Rechnung zu begleichen. London nahm 1874 auf Druck britischer Siedler, die inzwischen aus Neuseeland und Australien nach Fidschi gekommen waren, die Offerte an. Der erste britische Gouverneur, Sir Arthur Gordon, trat sein Amt 1875 an. Wenig später erließ er ein Gesetz, das noch heute für Spannungen sorgt: Land dürfen nur melanesische Fidschianer kaufen, die Inder jedoch nicht. Seine nächste Order galt der zwischen Felsen beengten Hauptstadt Levuka auf der Insel Ovalau. Suva wurde 1883 Hauptstadt.

Inder und Melanesier: Zwei Kulturen prallen aufeinander

Mit Großbritannien zog auch Fidschi in beide Weltkriege. Die Inseln haben von den Kriegen nicht viel gespürt, abgesehen davon, daß der legendäre deutsche Hilfskreuzer-Kapitän Felix von Luckner in Fidschis Gewässern gefangen genommen wurde. Graf Luckner hatte zuvor auf der Insel Katafaga in einem Haus den dringend notwendigen Proviant entwendet. Der »Seeadler«-Kommandant hinterließ ein formvollendetes Entschuldigungsschreiben, es hängt heute gerahmt im Ovalau Club in Levuka. Im Zweiten Weltkrieg gründeten die Amerikaner 1942 Basen in Fidschi, damit war die Gefahr einer japanischen Invasion gestoppt.

In jenen Jahren führte Ratu Sukuna, ein Häuptling von der Insel Bau, Fidschi behutsam in die moderne Zeit und bereitete die Unabhängigkeit vor. Sie wurde zwölf Jahre nach seinem Tod, 1970, Wirklichkeit. Wirtschaftlich ist Fidschi allerdings nie unabhängig geworden, die Einnahmen aus dem Zuckerrohranbau und der Goldgewinnung reichten ebenso wenig aus wie die Dollars aus dem Hauptdevisenbringer, dem Tourismus. Die Abhängigkeit wurde deutlich, als 1987 der Offizier Sitiveni Rabuka in einem Militärcoup die Regierung entmachtete. Vorangegangen war eine Wahl, bei der erstmals die indisch geprägte National Federation Party gemeinsam mit der Labour Party stärker war als die melanesische Alliance Party.

Unmittelbar vor der Südküste von Viti Levu liegt Vatulele

Freundlichkeit ohne Trinkgeld: Das Hotelpersonal verabschiedet die Gäste (unten)

Felsenmalerei auf Vatulele

Viele Vatulele-Touristen kommen mit dem Wasserflugzeug (unten)

Die Melanesier fürchteten, von den indischen Nachbarn, die größtenteils die Wirtschaft kontrollieren, überstimmt zu werden und unterstützten den Coup. Aber die Weltmächte setzten sofort alle Hilfsleistungen aus, viele Staaten erkannten die Militärregierung nicht an und brachen die diplomatischen Beziehungen ab. Fidschi wurde sogar aus dem Commonwealth ausgeschlossen. Mehr als 20 000 Inder verließen aus Furcht vor Pogromen das Land. Das und die ausbleibenden Touristen zwangen Fidschi schnell auf demokratischen Kurs zurück, allerdings mit einer neuen Verfassung, die den melanesischen Bürgern, die nur 46,2 Prozent der Bevölkerung stellen, eine Mehrheit sichert. 37 der 70 Parlamentssitze sind nun für den melanesischen Bevölkerungsteil reserviert, 27 für die Inder, der Rest steht den anderen Ethnien zu, hauptsächlich Chinesen, Europäer und Rotumas.

Seither fließen wieder Entwicklungsgelder, die auch der größte Staat der Region benötigt. Fidschis Hoheitsgebiet umfaßt nahezu 710000 Quadratkilometer, 97 Prozent davon sind Wasser. Die Landfläche summiert sich zu 18 272 Quadratkilometern. Den Löwenanteil davon haben zwei Hauptinseln, das hochentwickelte Viti Levu mit 10 388 und das ländliche Vanua Levu mit 5534 Quadratkilometern. Hinzu kommen etwa 300 bis 400 weitere Inseln, je nachdem, wie man »Insel« definiert. Manche sind nur kleine Korallenflecken oder Sandbänke, die größeren Inseln sind vulkanischen Ursprungs und bergig.

550 000 der 800 000 Fidschianer leben auf Viti Levu. Auf dieser Insel besteht auch eine gute Infrastruktur, was sie zum Zentrum des Südpazifiks macht. Nadi verfügt über den wichtigsten Flughafen der Region. Die von den pazifischen Inselstaaten gemeinsam getragene University of the South Pacific (USP) hat in Suva ihren Hauptsitz. Die 1968 von zwölf Südseeländern gegründete Hochschule steht rund 2000 Studenten aus dem ganzen Südsee-Raum offen. Und mit rund 250 000 Touristen im Jahr ist Fidschi die Nummer eins in der ganzen Region.

Im Westen von Vatulele erheben sich schroffe Klippen

Luxus-Resort: Jeder Vatulele-Gast hat seine eigene villenartige »Bure«

Der Tourismus ist als organisierter Wirtschaftszweig in Fidschi zwar erst in den späten sechziger Jahren entstanden. Er ist aber heute bereits der mit Abstand – und noch vor den Zuckerexporten – wichtigste Devisenbringer. Deshalb wurden vor allem an der Süd- und der Westküste von Viti Levu zahlreiche Hotelanlagen errichtet, die preislich meist in der gehobenen Mittelklasse liegen. Daneben haben sich auf einigen kleinen Inseln vor Viti Levu edle Luxushotels etabliert. In deren hohen Preisen – ab 1000 Mark pro Tag und Paar – ist sogar Champagner nach Lust und Laune enthalten. Turtle Island und Vatulele Island sind die bekanntesten.

Viti Levu: komfortables Reiseziel mit Charme

Wie alles konzentriert sich auch der Tourismus auf Viti Levu, auf den anderen Inseln lassen sich noch einsame Strände finden. Aber selbst auf Viti Levu ist das an der wenig erschlossenen Ostküste möglich. Die meisten Hotels liegen an der sonnenreichen und regenarmen Westküste – Herbergen für jeden Anspruch und Geldbeutel. Wenn auch Kritiker die »urtümliche Südsee« vermissen, die freundliche Art der Fidschianer und ihr entspanntes Verhältnis zu Zeit- und Leistungsdruck gewinnt selbst der Anonymität und Hektik des Massentourismus ein Lächeln ab.

Da die meisten Touristen in Nadi landen, sind sie sogleich im touristischen Hauptgebiet der Insel, das etwas weiter nördlich, bei Lautoka, beginnt und im Südosten bei der Hauptstadt Suva endet. Auf dieser 221 Kilometer langen Strecke heißt die Straße rings um die Insel Queen's Road. Die 265 Kilometer lange Route entlang der Ost- und Nordküste ist weniger gut ausgebaut und wird King's Road genannt.

Von dieser Strecke gehen zahlreiche, meist unbefestigte, aber dennoch reizvolle Straßen ab ins bergige Inselinnere – Viti Levu ist eine der wenigen Südsee-Inseln, in deren Inneres man relativ gut vordringen kann. Auf der Nausori Highlands Road beispielsweise, die unweit von Nadi beginnt, passiert man das Dorf Navala, eine pittoreske Ansamm-

lung alter Fidschi-Häuser. Navala ist von der Straße aus gut zu sehen, im Dorf selbst sind Touristen meist unerwünscht.
Erwartungsgemäß hat ein Touristenmagnet wie Fidschi aber nicht nur im Landesinneren, sondern auch zur See Besonderes zu bieten. Lautoka, die zweitgrößte Stadt und der zweitgrößte Hafen Fidschis, ist Ausgangspunkt für die mehrtägigen Kreuzfahrten in die Inselkette der Yasawas – Südsee-Inseln wie aus dem Bilderbuch. Die Schiffstouren machen zwar auch einmal an einem der Yasawa-Dörfer Halt, um den Einheimischen die Möglichkeit zu geben, mit dem Verkauf von Souvenirs ein paar Dollar zu verdienen. Aber meistens stoppt das Schiff an einsamen Badebuchten oder an einer Insel, wo sich in einer Höhle zur Überraschung der Passagiere ein erfrischender kleiner Süßwassersee findet.

Yasawa-Inseln: Südsee wie aus dem Urlaubs-Prospekt

Die Minikreuzfahrten durch die Yasawa-Inseln haben soviel Anklang gefunden, daß die Reederei vor einigen Jahren ein größeres Schiff in Dienst nahm. Nadi ist einer der wenigen Orte, in denen Fidschi den Massentourismus nicht mit einem Lächeln vergessen machen kann. Die Stadt hat sich zu einem Duty-Free-Einkaufszentrum entwickelt, sonstige Reize kann sie nicht bieten. Aber sie ist dank ihres Flughafens die ideale Drehscheibe für den wohlorganisierten Tourismus, sei es zu den vorgelagerten kleinen Inseln, sei es zu größeren und teilweise recht noblen Hotels an der Küste der Hauptinsel oder zu den eigens eingerichteten »Attraktionen«. Dazu zählen der Garden of the Sleeping Giant, eine Orchideenfarm oder die Coral Coast Railway, eine touristische Schmalspurbahn, die in Natadola Beach endet, an einem der schönsten Strände der Insel.
Drei Beispiele, wie man die Kultur, das Kunsthandwerk und die Geschichte Fidschis touristisch und durchaus noch tolerabel vermarkten kann, sind das Ka-Levu-Zentrum, Orchid Island und Pacific Harbour, der erste disneyartige Touristenpark der Insel: In einem Boot umrunden die Besucher eine künstliche Lagune, am Ufer werden ihnen altes Handwerk, Kriegstänze und ein simulierter Zweikampf vorgeführt. In Pacific Harbour, zu dem ein Hotel und ein Einkaufszentrum gehören, kann man auch das angesehene Dance Theatre of Fiji und die »Firewalker« von der kleinen Insel Beqa erleben, die über glühende Steine laufen, ohne sich zu verletzen. Dieser Ritus, den auch die Fidschianer südindischer Abstammung kennen, verlangt von den Teilnehmern umfangreiche Vorbereitungen. Zwei Wochen vor dem Feuergang dürfen die Männer keine Kokosnüsse essen und müssen jeglichen Kontakt zu Frauen vermeiden. Begleitet wird die Zeremonie von Ritualen und Gesängen, welche die Männer in einen tranceartigen Zustand versetzen.
Auch in Orchid Island stellen Fidschianer ihre kunsthandwerklichen Fähigkeiten vor. In diesem nachgebauten Fidschi-Dorf kann man aber auch Tiere der Insel sehen, selbst den seltenen Gekrönten Leguan, den man lange Zeit ausgestorben wähnte.
Ganz in der Nähe, in Suva, präsentiert sich das moderne Fidschi. Verkehrsstaus gehören in der 120 000-Einwohner-Stadt zum Alltag. Computer und High-Tech haben die vielen Büros in der größten Metropole der Südsee erobert. Mit staatlicher Unterstützung in Form von großzügigen Steuer- und Zollvorteilen für ausländische Investoren entstand eine kleine Textilindustrie. Und nirgendwo zwischen Sydney und San Francisco gibt es so viele Geschäfte, Unterkünfte, Restaurants und ein so

Fidschi besteht aus etwa 300 Inseln. Die meisten Besucher lernen aber nur die Hauptinsel Viti Levu kennen. Die zweitgrößte Insel Vanua Levu und die ihr benachbarte Insel Taveuni stehen seltener auf den touristischen Reiserouten. Die Regierung von Fidschi hofft jedoch, künftig mehr Gäste auf diese etwas abseits gelegenen Inseln zu bringen, um die Touristendollars besser im Land zu verteilen. Zu diesem Zweck hat sie auch auf der früher nur von Tauchern besuchten »Garteninsel« Taveuni einen Nationalpark eingerichtet.

Taveuni: Bouma Nationalpark . . . . . . mit Riesenfarnen (unten)

Die 25 Meter hohen Wasserfälle im Bouma Nationalpark auf Taveuni münden in einen Badesee

Die »Oleanda« verläßt die Yasawa-Insel Turtle Island

Über dem Rainbow Reef an der Küste der Insel Vanua Levu

Nanuya Lailai Island gehört der Kreuzfahrtlinie »Blue Lagoon Cruises«

von Hotels unabhängigen Tanzbars ist vor allem am Wochenende Betrieb.
Unter den Restaurants nimmt die indische Küche wegen des hohen indischen Bevölkerungsanteils einen besonderen Rang ein: »Kababish« (Tel. 72 34 30) in Nadi ist die beste Adresse. Ansonsten sind die Restaurants des Hotels »Regent Fiji« (Tel. 75 00 00) empfehlenswert, wo polynesische Gerichte zu entsprechenden Folkloreprogrammen serviert werden. Gute europäische Küche findet man in Suva in der »Swiss Tavern« (Tel. 30 32 33), gute chinesische Kost serviert »The Great Wok« (Tel. 30 12 85). Für Fischgerichte empfiehlt sich »Tiko's Restaurant« (Tel. 31 36 26) auf einem einstigen Schiff der Blue Lagoon Cruises. In der preiswerteren Klasse rangiert das gute indische »Curry House« (Tel. 31 30 00).
Veranstaltungen: Im Juli veranstaltet Nadi sein Bula-Festival mit Straßenparade und Karneval. Ähnlich geht es zu beim Hibiscus-Festival in Suva und beim Sugar-Festival in Lautoka.
Inseln in der Umgebung: Wenig besucht, aber von historischer Bedeutung ist Ovalau, eine etwa 100 qkm große Insel westlich von Viti Levu. Der Hauptort Levuka war bis 1881 die erste Hauptstadt Fidschis. Näheres ist dazu in der Filiale des Fiji Museum in einem einstigen Lagerschuppen zu erfahren. Südlich von Levuka erinnern drei »Vertragssteine« daran, daß Fidschi hier 1874 zur Kolonie Großbritanniens und 1970 wieder unabhängig wurde. Das »Royal Hotel« (Tel. 44 00 24), heute eine bescheidene Herberge mit 14 Zimmern, ist das älteste noch geöffnete Hotel der Südsee.
Taveuni (420 qkm), nahe bei Vanua Levu, gilt wegen seiner üppigen Vegetation als Fidschis Garteninsel. In der Inselmitte liegt in 823 m Höhe der Lake Tagimaucia, ein Kratersee. Ein beliebter Badeplatz sind die Bouma Falls, ein 25 m hoher Wasserfall.
Die beliebtesten Ausflugsziele sind von Viti Levu aus allerdings die Inseln der Mamanuca-Gruppe vor Nadi. Die meisten Inseln tragen ein Ferienhotel, es gibt aber auch mehrere Bootstouren für Tagesausflügler. Die bekanntesten Inseln sind Manolo (auch Castaway genannt) mit drei verschiedenen Hotelanlagen, Mamamanao (Tel. 66 05 11, Fax 66 10 69), Treasure Island (Tel. 66 15 99, Fax 66 44 96), Mana (Tel. 66 12 10, Fax 66 27 13), Tavarua (Tel. 66 15 99, Fax 66 44 96), Paradise Island (Tel. 66 52 22, Fax 66 54 09), Beachcomber Island (Tel. 66 26 00, Fax 66 44 96) und Malololailai (Tel. 72 33 33, Fax 79 01 63).
Die Inseln der Yasawa-Gruppe (auch von Nadi aus zu erreichen) erkundet man am besten auf einer der Mini-Kreuzfahrten, da viele Inseln ansonsten nur mit spezieller Genehmigung betreten werden dürfen.
Information: Fiji Visitors Bureau, Thomson St., GPO Box 92, Suva, Tel. 0 06 79/30 24 33, Fax 30 09 70. Auf dem internationalen Flughafen Nadi befindet sich ein Informationsbüro (Tel. 72 24 33).

Vanua Levu

Karte: Seite 112/113, Planquadrat D 3.
Anreise: Per Schiff (Patterson Bros. im Hotel »Takia«, Tel. 81 24 44) oder Flugzeug (mehrmals tgl. mit Air Fiji, Tel. 81 11 88 oder Sunflower Airlines, Tel. 81 14 54) von und nach Viti Levu.
Unterkunft: Preiswert ist das »Daku Resort« (Tel. 85 00 46, Fax 85 03 34) in Savusavu.
Sehenswürdigkeiten: Im etwas verschlafenen Hauptort Savusavu, gelegen an der gleichnamigen Bucht, erinnert die »Copra Shed Marina« daran, daß der Handel mit Kokosprodukten einst weitaus wichtiger war als heute. Aus dem einstigen Kopraschuppen ist ein kleines Restaurant- und Geschäftszentrum geworden. Nahe der Grundschule treten die heißen Quellen zu Tage, die im Untergrund rings um Savusavu brodeln; bisweilen kochen die Einheimischen hier. Rund 50 km östlich der Kleinstadt Labasa liegt in einem See bei Kurukuru eine »schwimmende Insel«, die gemächlich durch das Gewässer treibt, wenn sich der Wind in den Inselbäumen wie in einem Segel fängt.

Im Hafen von Suva werden rund um die Uhr Frachten gelöscht

Die Steilküste von Vatulele

Royal Suva Yacht Club auf Viti Levu

Repräsentations-Bure im historischen Dorf Viseisei auf Viti Levu

Fidschi war zwischen 1874 und 1970 Teil des britischen Kolonialreichs. Manche Tradition, etwa bei »königlichen« Clubs, hat sich erhalten. Wichtiger sind aber die Verbindungen zum Commonwealth, der Vereinigung ehemaliger britischer Kolonialstaaten. Sie halfen Fidschi vor allem in wirtschaftlicher Hinsicht.

Im Bouma Nationalpark auf Taveuni

OSTERINSEL

Das Geheimnis von Rapa Nui

Stumm starren die Moai über die Osterinsel (Foto: Ahu Tongariki), die einsam mitten im Pazifik liegt. Rapa Nui nannten die Einheimischen ihre Heimat und schufen rund 1000 Stein-Kolosse. Welchem Zweck dienten die Figuren und warum verschwand die hochentwickelte Inselkultur so plötzlich? Fragen, auf die es vielleicht niemals eine Antwort geben wird.

Kratersee Ráno Kao im Süden der Osterinsel

1974 wurden die Hütten von Orongo restauriert (unten)

Fischer in Hanga Roa

Der vulkanische Ursprung der einsam im Pazifik liegenden Osterinsel ist überall erkennbar, sei es an den dunklen Lavafelsen in der Küstenbrandung, sei es an den Rändern der Krater. Auf dem schmalen Grat des Ráno Kau, in den etwa 40 steinernen Hütten von Orongo, haben einst die Priester der polynesischen Ureinwohner auf die jährliche Rückkehr der Rußseeschwalbe gewartet. Das war der Ursprung des Vogelmannkults. Die früher als göttliche Sendboten angesehenen Vögel nisten bis heute auf den drei vorgelagerten Eilanden.

Der »Mercado«, der kleine Markt im Inselort Hanga Roa (unten)

Kultische Basisreliefs: Orongo-Petroglyphen

Der Landflecken im Südpazifik liegt 3600 Kilometer von Südamerikas Küste entfernt; zur nächstgrößeren Insel, Tahiti, ist es noch weiter. Und selbst bis zum winzigen Pitcairn, der nächstgelegenen menschlichen Siedlung, sind es fast 2000 Kilometer. Diese Zahlen zeigen: Die Osterinsel ist isoliert wie kaum ein anderes bewohntes Land der Erde. Und dennoch entstand auf diesem abgelegenen Felsen eine der eindrucksvollsten und immer noch von Rätseln umgebenen Kulturen der Menschheit. Die mächtigen Steinfiguren, die Moai, sind das sichtbarste und eindrucksvollste Zeichen dieser Zivilisation. Nicht minder beeindruckend ist aber die Tatsache, daß die Bewohner von Rapa Nui, so der polynesische Name der Insel, die einzigen Polynesier waren, die eine Schrift entwickelten.

Kamen die Osterinsulaner aus Südamerika oder Polynesien?

Daß es sich bei den ersten Osterinsulanern um Polynesier handelte, ist heute bei den meisten Wissenschaftlern unumstritten, auch wenn der norwegische Forscher Thor Heyerdahl nach seiner Pazifiküberquerung auf dem Floß »Kon Tiki« 1947 an eine Besiedlung von Südamerika her glaubte. Sehr viel wahrscheinlicher ist es, daß die ersten Osterinsulaner von den Marquesas kamen. Dort sind die Polynesier auch zu ihren weiten Reisen nach Hawaii und Neuseeland aufgebrochen. Daraus entstand das »polynesische Dreieck« mit der Nordspitze in Hawaii, der Südspitze in Neuseeland und der Ostspitze auf der Osterinsel. Wie diese »Wikinger des Sonnenaufgangs« auf die einsame Insel kamen und vor allem, wie ihre dort entwickelte Kultur wieder zerbrach, ist umstritten. Die eine Gruppe glaubt, die ersten Einwanderer seien samt ihrer Kultur von einer zweiten polynesischen Einwanderungswelle verdrängt worden. Das andere Lager ist gewiß, daß die Insulaner untereinander heftig gekämpft und dadurch ihre Gesellschaft weitgehend zerstört haben.

Was immer passiert ist, es geschah, bevor die ersten Europäer ihren Fuß auf die Osterinsel setzten. Ein britischer Freibeuter, Captain Edward Davis, sah 1687 am Horizont ein Land, das eventuell die Osterinsel war. Er konnte es nicht näher erforschen, weil er seine »Bachelor's Delight« noch vor den Winterstürmen um Kap Hoorn steuern wollte. Aber seine Entdeckung war aus Sicht seiner Zeitgenossen womöglich ein Teil des sagenhaften Südlandes, der »Terra Australis«, deren Landmasse als Gewichtsausgleich für die Kontinente auf der Nordhalbkugel gedacht war. Deshalb beauftragte die niederländische Westindische Handelskompanie 1721 ihren Kapitän Jacob Roggeveen, das »Davisland« und damit hoffentlich den Südkontinent zu finden.

Kein Riff schützt die Insel vor der Brandung

Obwohl Davis eine andere Position angegeben hatte, stieß Roggeveen am 6. April 1722 auf die Insel. Und weil es gerade der Ostermontag war, nannte er sie Osterinsel. Friedlich war das Treffen dennoch nicht, Roggeveens Soldaten erschossen mindestens zwölf Einheimische und segelten wieder von dannen. Drei Berichte erschienen über diese Entdeckungsfahrt, darunter eine in Deutsch: Carl Friedrich Behrens, der als Kommandant der Soldaten an Bord der drei Schiffe mit unterwegs war, veröffentlichte 1737 seine Erlebnisse. Alle drei Autoren wiesen auf die ungewöhnlichen Steinfiguren und auf Zerstörungen hin.

Zur Sicherung der spanischen Kolonien in Südamerika befahl der Vizekönig von Peru dem Kapitän Felipe Gonzales 1770, die Osterinsel für Spanien in Besitz zu nehmen. 1773 traf James Cook auf der Insel ein und schrieb in sein Logbuch: »Die Natur hat die Insel kaum ausgestattet mit dem, was den Menschen zu essen und zu trinken gibt.« Auch Georg Forster, der mit auf dieser Fahrt war, schrieb von dem »verwüsteten öden Aussehen« der Insel, von dem harten und von der Sonne verbrannten Boden.

An den Flanken des Ráno Raráku stehen oder liegen noch 395 mehr oder weniger fertige tonnenschwere Moai im Gras

Der einzige kniende Moai am Ráno Raráku

Bis zu 80 Tonnen schwer sind die Moai

Moai an der Bucht von Anakena

Der »Nabel der Welt« (unten)

Diese Zitate relativieren die Behauptung, erst von den Schafen europäischer Siedler sei die Insel so kahlgefressen worden wie sie heute wirkt. Sie ist größtenteils mit Gras überwachsen, Gärten und Plantagen gediehen bis vor wenigen Jahren nur auf wenigen windgeschützten Plätzen. Deshalb wurden Bananen und Feigenbäume auch oft in den Erdlöchern gepflanzt, die eingestürzte kleine Vulkankrater hinterlassen haben. Mittlerweile hat ein Wiederaufforstungsprogramm für einige Wälder gesorgt.

Die 165 Quadratkilometer große Osterinsel wurde von drei Vulkanen gebildet, die wie in einem rechtwinkligen Dreieck zueinanderstehen. Der Maunga Terevaka an der Nordspitze ist der jüngste und höchste der drei erloschenen Vulkane, er besteht aus mehreren Kratern, von denen der Ráno Aroi 538 Meter hoch ist. Diese Kraterlandschaft entstand vor etwa 240 000 Jahren. Der Ráno Kao an der Südwestspitze ist etwa eine Million Jahre, der Poike im Südosten 2,5 Millionen Jahre alt.

Besiedelt wurde die Insel nach der dominierenden »Zwei-Wellen-Theorie« im 5. Jahrhundert, die zweite Siedlergruppe kam vermutlich um 1350. Zwischen beiden Gruppen kam es vermutlich zu Kämpfen, sei es um die wenigen Lebensmittel, welche die ausgelaugten, übernutzten Böden hergaben, sei es aus religiösen Gründen.

Eindeutig ist nur, daß auf der Osterinsel verschiedene, wohl auch miteinander verknüpfte Kultzeremonien gefeiert wurden: das Aufstellen der Moai genannten Monumentalfiguren, der Bau von Ahus – Tempelplattformen aus oft perfekt aneinandergefügten großen Steinen, die den Marae anderer polynesischer Inseln gleichen –, die Rongo-Rongo-Gesänge und der Vogelmannkult.

Vogelmann wurde, wer alljährlich dem Priester das erste gelegte Vogelei von Motu Nui, einem der kleinen Felseilande vor der Südwestspitze, geben konnte. Ort der Zeremonie war das nur während der Zeremonien bewohnte Dorf

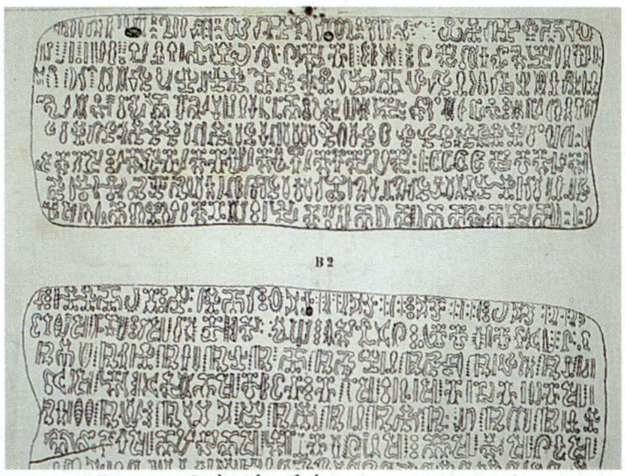

Rongo-Rongo-Schrifttafel

Orongo, wo heute noch Felszeichnungen von Vogelmenschen und die restaurierten Steinhütten zu sehen sind, in denen die Häuptlinge lebten, die sich um den Titel bewarben. Sie mußten sich aber nicht selber durch die gefährliche Brandung kämpfen, Untergebene schwammen in ihrem Namen auf die Mini-Insel und warteten dort auf das erste Ei. Der Vogelmann war für ein Jahr eine Art heiliger Mann mit großen spirituellen Kräften.

Während die Herstellung und der Transport der Moai schon vor Eintreffen der ersten Europäer offenkundig abrupt endete, war der Vogelmannkult vermutlich noch lebendig, als 1863 Sklavenhändler die Insel überfielen und rund 1400 der 4000 Bewohner, darunter die gesamte Führungsschicht, nach Peru verschleppten. Damit starb dieser Kult ebenso wie das Wissen um die Rongo-Rongo-Tafeln. Auf ihnen sind die einzigen Schriftzeichen Polynesiens eingeritzt, sie wurden vermutlich für religiöse Gesänge genutzt, entziffert sind sie noch nicht.

Nur 15 der Verschleppten kehrten auf die Insel zurück. Sie brachten Seuchen

Halbwild leben viele Pferde auf der Osterinsel (unten)

Die Osterinsel ist immer noch voller unbeantworteter Fragen. Warum wurden die Arbeiten an den Moai, den mächtigen Steinfiguren des polynesischen Ahnenkults, so plötzlich eingestellt? Was bedeuten die Rongo-Rongo-Zeichen auf den Schrifttafeln, den einzigen Schriftzeugnissen in ganz Polynesien? Bis heute konnten die Hieroglyphen nicht entschlüsselt werden. Inzwischen weiß man allerdings, daß die Tafeln Priestern als »Nachschlagewerk« für religiöse Gesänge dienten. Von Mythen umgeben ist auch der kugelrunde »Nabel der Welt«, vermutlich ein ganz normaler Grenzstein.

mit vom Festland, durch die die Zahl der Ureinwohner weiter stark dezimiert wurde. 1877 wurden nur noch 111 Polynesier gezählt. Zu diesem Zeitpunkt hatten schon zwei Europäer mit ungesetzlichen Mitteln den größten Teil der Insel in ihren Besitz gebracht.
Missionare versuchten damals, das Schicksal der Polynesier zu lindern, doch die Europäer ließen die Missionsstation und das Dorf der Einheimischen niederbrennen. Chile annektierte 1888 die Osterinsel, doch die Situation der Einheimischen verbesserte sich nicht, da eine britische Firma das Land zur Schafzucht pachtete und die Einwohner quasi als Leibeigene behandelte. Das chilenische Militär sah in der Osterinsel nur einen strategischen Außenposten und ebnete teilweise jahrhundertealte Kultstätten für militärische Zwecke ein. Dem zähen Widerstand eines bayerischen Kapuziners, dem 1969 gestorbenen Pater Sebastian Englert, war es zu verdanken, daß viele der historischen Zeugnisse bewahrt werden konnten. Englert, der sich nicht nur als Seelsorger, sondern auch als Osterinsel-Forscher große Verdienste erwarb, hat auch das kleine Museum in Hanga Roa gegründet.

Geburtsort der Moai: Ráno-Raráku-Krater

Heute wohnen rund 2500 Menschen auf Rapa Nui. Ihr Leben hat sich sichtlich verbessert, seit 1964 ein Flughafen gebaut und 1967 kommerzielle Flüge zwischen der Insel, Chile und Tahiti aufgenommen wurden. Seither entwikkelt sich im Hauptort Hanga Roa und im Flughafendorf Mataveri, den beiden einzigen Orten, ein bescheidener Tourismus. Er ist trotz der relativ geringen Besucherzahlen die wichtigste Einnahmequelle der Insel.
Ihre berühmtesten Sehenswürdigkeiten sind natürlich die Moai. Sie stehen heute in einem Nationalpark, der die meisten Küsten und einen Großteil der Insel einnimmt. Der interessanteste Platz ist die Flanke des Ráno Raráku, eines Nebenvulkans im Osten der Insel, aus dessen leichtem grauen Tuffstein die bis zu zehn Meter langen Statuen mit Steinäxten herausgeschlagen wurden. Ráno Raráku war offensichtlich die Moai-Werkstatt: Allein an dieser Stelle wurden 395 mehr oder minder fertiggestellte

Moai mit rekonstruierten Augen

Freigelegte Fundamente eines Hauses bei Hanga Roa

Auf der Osterinsel wartet noch viel Arbeit auf die Archäologen. Die chilenische Regierung hat zwar große Teile der Insel als Nationalpark geschützt, aber sie verfügt nur über begrenzte Mittel, um alle nötigen Ausgrabungen zu finanzieren.

Perfekte Steinmetzarbeit am Ahu Vinapu

Ahu Tahai: Die Moai wurden stets auf Ahus, auf Plattformen, gestellt

Viele Moai sind verschüttet

Am Puna Pau wurden die Pukao gefertigt

Moai gezählt. Auf der ganzen Insel vermuten Experten rund 1000 Moai.
Wie die bis zu 80 Tonnen schweren Kolosse zu ihren verschiedenen Standorten kamen, ist noch nicht völlig geklärt, vermutlich wurden sie – aufrecht stehend und mit Seilen gesichert – auf Holzrollen quer über die Insel gezerrt. Aufgestellt wurden sie wahrscheinlich in einer Grube, in der sie mit Hebelwirkung allmählich emporgestemmt wurden. Viele, aber nicht alle Moai trugen einen Pukao, einen großen runden Kopfschmuck aus roter Vulkanschlacke, die aus dem Krater Puna Pau nahe bei Hanga Roa geschlagen wurde. Zudem waren in den Augenhöhlen der Moai früher zumindest in einigen Fällen Augen eingelegt.

Das Geheimnis der Steinkolosse von Rapa Nui

Die Moai standen nahe der Küste und blickten ins Land hinein in Richtung eines Dorfes. Für die Insulaner symbolisierten die Steinkolosse vermutlich die Geister der Ahnen, die ihre Siedlungen beschützen sollten und als kultische Machtsymbole der einzelnen Stämme dienten. Einst wurden die Moai meist in Gruppen aufgestellt, die größte der 1996 wiederhergestellten Moaigruppen in Tongariki besteht aus 15 Figuren. Besonders bekannt sind die sieben Moai am Strand von Anakena. Zwei dieser Statuen bei Anakena sind zerbrochen, die anderen aber besonders gut erhalten, weil sie lange Zeit im feinen weißen Sand begraben waren. Die dortigen Plattformen tragen den Namen Ahu Naunau, an den Sockelsteinen lassen sich die alten Steinmetz-Verzierungen gut betrachten. 1978 wurde diese Moai wieder aufgerichtet und bieten eine eindrucksvolle Kulisse mit einem der wenigen guten Badestrände auf der Osterinsel.
Doch Wind und Wetter drohen die Steinkolosse zu zerstören. Deshalb wurden 1975 und 1988 Abgüsse von Moai angefertigt; eine zweite Expedition nahm auch das Äußere einer besonders präzise gearbeiteten Tempelplattform ab. Damals wurden auch Versuche unternommen, die Tuffstein-Figuren mit chemischen Mitteln vor der weiteren Verwitterung zu bewahren – ein Wettlauf mit der Zeit, dessen Ausgang noch offen ist.

Vorbei – der Traum vom »edlen Wilden«

Mythos Südsee

Die einheimische Bevölkerung ist von sehr feiner Art, voller Gesänge, sehr angenehm, sehr gut aussehend«, schrieb der schottische Schriftsteller Robert Louis Stevenson 1890 über die Samoaner, nachdem er sich auf der Insel Upolu niedergelassen hatte. Ob Margaret Mead diese Zeilen gelesen hatte, bevor sie 1925 zu ihrer ersten wissenschaftlichen Expedition aufbrach, ist fraglich, denn dann hätte sie wohl auch erfahren, was Stevenson ebenso beschrieb: die chronische Kriegslust der Samoaner. Aber die damals 24 Jahre alte Anthropologin aus Philadelphia war wohl eher durchdrungen von den gängigen Klischees der »paradiesischen Südsee«, von der freien Liebe, über die alle Seeleute seit Wallis und Bougainville geschwärmt hatten, und vom freundlich-rücksichtsvollen Umgang miteinander.

Dabei fehlte es durchaus nicht an kritischen Stimmen: Im selben Jahr wie Stevenson schrieb der amerikanische Geschichtsphilosoph Henry Adams: »Die Einheimischen sind Kinder, voll kleiner Eifersüchteleien und Intrigen.« Aber die junge Frau, Tochter einer Soziologin und eines Wirtschaftswissenschaftlers, hatte ihre Reise nach Samoa wohl nicht mit allzu großen vorangegangenen Studien belastet. Nach nur neun Monaten in der Südsee schrieb sie ein Buch: »Coming of Age in Samoa« (Kindheit und Jugend in Samoa). Es wurde ein Bestseller und in zahlreiche Sprachen übersetzt.

Das Erfolgsbuch begründete ein große akademische Karriere, die Margaret Mead Universitäts-Lehrstühle und viele hohe Ehrungen einbrachte. Es gab zwar schon zu Lebzeiten Meads vereinzelte kritische Anmerkungen zu ihren Samoa-Forschungen, aber die fundamentale Kritik erlebte die 1978 in New York gestorbene Wissenschaftlerin nicht mehr: 1983 veröffentlichte der australische Völkerkundler Derek Freeman sein Buch »Margaret Mead and Samoa«, eine Untersuchung, die aus Meads Kultbuch zumindest für die wissenschaftliche Welt Makulatur machte. Ihr blieb einzig das Verdienst, als eine der ersten Forscherinnen den Versuch unternommen zu haben, westliche Maßstäbe durch Vergleich mit fremden, außereuropäischen Kulturen zu relativieren. Außerhalb der Gelehrtenstuben ist das erste Buch der New Yorker Anthropologin allerdings immer noch populär – eine Herzenssache für Mead-Anhänger, beschrieb sie damals doch eine Welt, wie sie sein sollte: der gute alte Südseetraum in wissenschaftlichem Gewand, der scheinbare Beleg für die tatsächliche Existenz der »edlen Wilden«.

»Menschengabeln« im Museum von Suva: Kannibalismus war in der Südsee lange Zeit üblich

Margaret Mead fühlte sich, wenn man ihren Briefen folgt, auf Samoa nicht sonderlich wohl. Nach einigen Wochen in der Hauptstadt Apia, in denen sie erfolglos versuchte, die Sprache Samoas zu erlernen, zog sie um auf die kleine Insel Ta'u in der Manu'a Gruppe. Dort führte sie in einem Nebenraum der Marinestation ausgedehnte Gespräche mit insgesamt 68 Samoanerinnen im Alter zwischen 8 und 20 Jahren. Mit ihnen sprach sie über die Bräuche und das Familienleben in Samoa, von ihnen erfuhr sie, daß die jungen Leute untereinander freizügig sexuellen Umgang pflegen, ehe sie sich auf einen Partner festlegen. Gewalt und Aggression gebe es in dieser Gesellschaft nicht, hörte die Forscherin.

All das bestätigte die Vorurteile, mit denen die unerfahrene und überforderte Anthropologin nach dem Urteil ihrer Zeitgenossen in den Südpazifik aufgebrochen war. Sie glaubte wie ihr Doktorvater: In einem Zusammenleben, in dem Ältere die Jüngeren in der Übergangsphase vom Kind zum Erwachsenen nicht mit Zwängen führen, bildet sich eine aggressionsfreie Gesellschaft. Die Gesprächsnotizen von Samoa bewiesen der Enkelin einer berühmten Kinderpsychologin eindeutig ihre

Auf den Inseln der Manu'a-Gruppe in Amerikanisch-Samoa forschte Margaret Mead

Navala auf Fidschi: Im Inselinnern werden noch viele Traditionen gepflegt

These: Samoaner sind, weil so aufgewachsen, frei von Gewalt gegeneinander; wegen der sexuellen Freizügigkeit gebe es beispielsweise auch keine Vergewaltigungen.

Die Ergebnisse dieser 1928 erstmals veröffentlichten Studien waren ganz im Sinne des Mentors dieser jungen Forscherin. Ihr Doktorvater, der New Yor-

Konflikte wurden häufig mit Gewalt ausgetragen

ker Professor Franz Boas, war ein Verfechter jener neuen amerikanischen Anthropologie, die behauptete, Generationsprobleme und Erziehungsschwierigkeiten seien Folgen einer Gesellschaftsordnung, die natürliche Entwicklungen durch Zwänge unterdrückt.

Die These Boas' und seiner Kollegen führte zu der Auffassung, das Sozialverhalten sei nur anerzogen und könne auch korrigiert werden. Die guten, noch wenig von der modernen Welt verdorbenen Mädchen von Samoa waren der Beweis: »... eines der liebenswertesten, friedfertigsten und am wenigsten streitsüchtigen Völker der Welt«.

Die Botschaft stieß damals auf reges Interesse, bedeutete sie doch: Man kann die ganze Welt zum Besseren verändern. Diese Botschaft trägt Margaret Meads Samoa-Buch auch heute noch zu ihren Lesern. Es ist bezeichnend, daß etwa zur selben Zeit das Büchlein »Papalagi« erschien, die angeblich auch von Samoa stammenden »Reden des Südsee-Häuptlings Tuiavii aus Tiavea«. In ihnen verglich der fiktive Häuptling das törichte, zivilisationsgehetzte Leben der Weißen und die intakte Lebensordnung seines Volkes. Autor war der Schriftsteller Erich Scheurmann.

Vieles von dem, was Margaret Mead aus Samoa berichtete, dürfte auch frei erfunden sein, zwar wohl nicht von der Autorin, aber doch von den Samoanerinnen, mit denen sie sprach. Die fanden nämlich schnell heraus, was die Fremde aus dem fernen New York gerne hören wollte und redeten ihr nach dem Munde. Derek Freeman, der sechs Jahre auf Samoa arbeitete, wies seiner Kollegin zumindest zahlreiche Fehler und Mißverständnisse nach.

Margaret Mead hatte überdies keine ausreichenden Sprachkenntnisse, um die Gespräche mit den Kindern und Frauen selber führen zu können. Als Frau war sie auch vom politischen Leben der Männer ausgeschlossen, ferner hatte sie kaum Kenntnis vom komplizierten sozialen Geflecht in Samoa. So zerbrach schließlich für die Fachwelt, was Freeman als »Phantasiegebilde eines anthropologischen Mythos« bezeichnete.

Gerade im verästelten Machtgefüge samoanischer Dörfer und Großfamilien war und ist Rivalität ein starker Antrieb, strenge Etikette und strikte Hierarchie sind zentrale Grundlagen für die Gemeinschaft. An diesen, oft mit drakonischen Strafen belegten Zwängen, zerbrechen insbesondere viele Jugendliche. Rund 100 000 Samoaner haben das Land verlassen und leben hauptsächlich in Neuseeland, den USA und Australien.

Freeman belegte auch, daß die von Mead gerühmte sexuelle Freiheit vorehelicher Liebe und Promiskuität nicht passe zu dem auch von Mead eingeräumten hohen Status der Jungfräulichkeit bis zur Eheschließung – ein sexualfeindlicher Unberührtheitskult, der laut Freeman in Samoa »womöglich weiter getrieben wird als in jeder anderen der Anthropologie bekannten Kultur«.

Auch die Kernthese der Kollegin, daß auf Samoa ein weitgehend gewalt- und aggressionsfreies Volk lebe, widerlegte Freeman. Anhand der samoanischen Kriminalakten bewies er, daß es, bezogen auf die Bevölkerungszahlen, in Samoa mehr Morde, Vergewaltigungen und Selbstmorde gebe als in vielen westlichen Ländern einschließlich der USA. Und wieder war ein Südsee-Mythos zerbrochen. Offiziell zumindest. Aber in den Bildern vom Paradies auf Erden wird er weiterleben wie alle seine Vorgänger.

Tiki-Theater auf Moorea: Traditionsshow nur für Touristen

Legendäre Rebellion im Paradies

Bounty-Meuterei

»Unmittelbar vor Sonnenaufgang kamen Mr. Christian (und andere) in meine Kabine, während ich schlief; sie ergriffen mich, banden meine Hände mit einem Seil auf meinem Rücken zusammen und drohten mir den sofortigen Tod an, wenn ich den geringsten Lärm machte.« So steht es unter dem 28. April 1789 im Logbuch von Captain William Bligh. Damit begann die berühmteste Südsee-Geschichte, die »Meuterei auf der Bounty«.
Sie hat eine Vor- und eine Nachgeschichte. Um beide ranken sich Legenden, Vermutungen und Fälschungen – ein idealer Stoff für hunderte von »Bounty«-Fans in aller Welt. Seit mehr als 200 Jahren erkunden sie, warum es zu diesem Aufstand gegen Bligh kam und was mit den Meuterern in ihrem Versteck geschah. Diese Suche nach Wahrheit ist gewiß nicht erleichtert worden durch Hollywoods »Bounty«-Filme, in denen Bligh als Tyrann dargestellt wurde, der seine Leute, sogar seinen Freund Fletcher Christian, quasi in die Rebellion trieb.
Quälte Bligh seine Mannschaft? Gewiß nicht. Aber zuerst die Fakten: Die britischen Plantagenbesitzer in der Karibik brauchten preiswerte Nahrungsmittel, um ihre Sklaven zu ernähren. Wallis und Cook hatten in Tahiti Brotfruchtbäume kennengelernt, ihre Früchte sollten das karibische Problem lösen.
Die Admiralität in London beauftragte William Bligh, Setzlinge von Otaheite (Tahiti) in die Karibik zu bringen. Der 33 Jahre alte Seemann hatte sich zuvor bewährt, unter anderem bei James Cook auf der »Resolution«. Die »Bounty«, ein nur 26 Meter langer Dreimaster, war für diese Fahrt umgebaut worden: Offiziere und Mannschaft mußten eng zusammenrücken, um Platz für die Pflanzen zu schaffen. Das mag ebenso zur Spannung an Bord beigetragen haben wie eine wenig vertrauenerweckende Mannschaft und die strapaziösen Versuche, das Kap Hoorn zu umrunden. Bligh ging schließlich auf den weitaus längeren Kurs rings um Afrika und Australien. Als er in Tahiti ankam, mußte er 27

Captain Bligh entdeckte das Yasawa-Archipel

Wochen warten, bis genügend Brotfrucht-Schößlinge gewachsen waren – Wochen, in denen seine Mannschaft das paradiesische Leben und die Zuneigung der Frauen auf der Insel genossen. Sie hatten kein Interesse, ihre entbehrungsreiche Arbeit wieder aufzunehmen. Blighs aufbrausendes Temperament und seine Neigung, selbst Offiziere vor aller Augen zu kritisieren, schufen ihm Feinde.

Nach einigen Tagen entlud sich die Spannung, als die »Bounty« Tonga erreicht hatte: Fletcher, der erste Offizier, führte die Meuterer in Blighs Kabine. Zwei Umstände begünstigten die Rebellion: Die pflichtvergessene Wache an Bord schlief, und der Master hatte die Schlüssel zur Waffentruhe herausgegeben, weil die Mannschaft einen Hai erlegen wollte.
Der Kapitän wurde im Nachthemd an Bord gezerrt, die bewaffneten Meuterer übernahmen das Schiff. Aber nicht alle Seemänner folgten ihnen, sei es, weil sie in Bligh nicht den unmenschlichen Kapitän sahen, sei es, weil sie wußten, daß die Royal Navy die Meuterer auf allen Weltmeeren gnadenlos jagen würde und den Gefaßten daheim der Strang drohte. 18 der 45 Mann wurden mit Bligh in einem knapp sieben Meter langen, offenen Beiboot ausgesetzt. Die Ausgestoßenen erhielten 107 Liter Trinkwasser, 68 Kilo Zwieback und neun Kilo Schweinefleisch, dann wurden sie inmitten der Kannibaleninseln ihrem Schicksal überlassen.
Bligh gelang nun eine der größten Leistungen in der Seefahrtsgeschichte: Er steuerte das Boot ohne Karten durch unbekannte Gewässer und vorbei an tückischen Riffen bis ins niederländische Timor. 41 Tage dauerte diese unglaubliche Reise über 6700 Kilometer. Die kleine Crew trotzte Kannibalenangriffen, Stürmen und Proviantmangel. Nur ein Mann kam unterwegs um: Quartermaster John Norton wurde gleich am zweiten Tag von Tonganern auf Tofua erschlagen. Auf der entbehrungsreichen Fahrt schaffte es Bligh nicht nur, die überlebensnotwendige Disziplin im Boot zu erhalten, er legte unterwegs auch noch die ersten präzisen Karten der Fidschi-Inseln an.

Paradise Beach in Westsamoa: Die Bounty-Meuterer suchten »ihr« Paradies vergebens

Im Museum von Suva steht vor dem Bild der Meuterei das Ruderblatt der »Bounty«

Nach seiner Rückkehr wurde Bligh in London wegen des Verlusts seines Schiffes vor ein Kriegsgericht gestellt und in allen Ehren freigesprochen. Bei der Verhandlung erwies sich Bligh, gemessen an den damals harten Bräuchen in der Navy, sogar als recht humaner Schiffsführer. Er nutzte seine Erfahrungen für eine zweite Brotfrucht-Reise nach Tahiti und brachte die Setzlinge in die Karibik. Bligh wurde später mehrfach ausgezeichnet und starb 1817 in hohen Ehren als »Admiral of the Blue«. Das letzte, was Bligh von der »Bounty« hörte, war die Parole »Huzza for Otaheite!«. Doch Fletcher Christian, der nun das Kommando hatte, wußte, daß die Meuterer auf Tahiti nicht sicher sein würden. Sein Versuch, im Austral-Archipel ein Fluchtquartier zu finden, scheiterte. Christian ging wieder auf Tahiti-Kurs, weil einige reumütige Meuterer mit dem erwarteten Strafkommando zurück in die Heimat wollten.

In der Tat, in England stach die »Pandora« unter Captain Edward Edwards in See, sobald Kunde kam von der Meuterei. In Tahiti nahm er 13 Meuterer auf, aber die »Pandora« zerschellte später an Australiens Great Barrier Reef. 31 Besatzungsmitglieder und vier Meuterer kamen dabei um. Die anderen erreichten schließlich England, wo drei Meuterer gehängt wurden.

Christians letzte Worte an seinen einstigen Freund waren: »That is it, Captain Bligh, I am in hell.« Prophetische Worte, wie sich erweisen sollte. Christian lichtete in Otaheite bald wieder die Anker, um einen neuen Fluchtort zu suchen. Auf seiner Irrfahrt fiel ihm ein, daß Philip Carteret 1767 die unbewohnte Insel Pitcairn entdeckt hatte – noch heute eine der einsamsten Inseln der Südsee. Dort traf die »Bounty« Anfang 1790 ein. Alles Nutzbare wurde von Bord geschafft, am 23. Januar ging das Schiff in Flammen auf, um keine Spur zu hinterlassen.

Die Meuterer hatten sich auf dem nur 4,5 Quadratkilometer großen Eiland ein vermeintliches Paradies geschaffen. Aber es sollte die Hölle werden. Im Streit um die Frauen brachten sich die Männer gegenseitig um, teilweise unter Mitwirkung der Frauen. Die Meuterer wurden zwar nie gefunden, weil Carteret für Pitcairn eine falsche Position berechnet hatte. Aber als 1808 der amerikanische Walfänger »Topaz« zufällig auf die Insel stieß, lebte nur noch ein Mann, der Meuterer John Adams. Er hatte nach den blutigen Jahren eine gottesfürchtige Gemeinde gegründet, zu der nun neun Frauen und 19 Kinder zählten. Die Briten ließen Adams auf der Insel, wo er 1829 im Alter von 65 Jahren friedlich starb.

Südsee-Schönheit: ein Grund für die Meuterei

Tonga: Sondermarke zum Bounty-Jubiläum

Die Abkömmlinge der Meuterer tragen Namen wie Christian und Adams, sie sprechen ihre eigene Sprache, eine Mischung aus Englisch und Polynesisch. Etwa 60 Menschen leben auf Pitcairn, einer britischen Kolonie ohne Hafen und Flughafen. Viermal im Jahr kommt ein Versorgungsschiff aus Neuseeland. Hin und wieder macht ein Kreuzfahrtschiff Halt. Dann dürfen einige Passagiere über die Insel streifen, während die Insulaner zum Schiff hinüberfahren, um sich vom Bordarzt untersuchen zu lassen und ihre Pitcairn-Briefmarken oder Schnitzereien zu verkaufen. Jedes Schiff nimmt Briefe mit, oft steht auf ihnen als Adresse: Norfolk Island. Auf diese australische Insel waren 1856 alle Pitcairner umgesiedelt worden, weil ihnen nach einer Mißernte der Hungertod drohte. Sechs Familien zog es schon bald zurück nach Pitcairn, die anderen Adams und Christians blieben auf Norfolk. Seither gibt es zwei Bounty-Inseln in der Südsee.

Der Baum des Lebens

Kokospalme

Kokosmilch, nach alter Art ausgepreßt

»Ohne Palme ist eine Insel nur eine Sandbank«, lautet ein polynesisches Sprichwort. Es bedeutet: ohne Palme kein Leben, ohne Palme kein Wert. Gemeint ist dabei immer die Kokospalme. Wie in vielen tropischen Inselregionen gilt sie auch in der Südsee

Upolu: Kokosnuß-Transport zu Pferde

als »Baum des Lebens«. Der Name ist berechtigt, denn auf vielen Inseln und Atollen könnten keine Menschen siedeln, hätte dort nicht die Cocos nucifera – so ihr botanischer Name – ihre Wurzeln in den Grund geschlagen.
Kaum ein anderer Baum hat so vielfältigen Nutzen für die Menschen, von den höchsten Spitzen bis zu den tiefsten Wurzelverästelungen. Die Wurzeln tragen wesentlich dazu bei, die stets von der heranflutenden See bedrohten Landflecken beisammenzuhalten. Die bis zu 30 Meter hohen Stämme sind ein geschätztes Baumaterial für Häuser, Möbel oder Kanus. Als Brennmaterial wird die von Blattnarben geringelte Rinde genutzt. Die wie Gefieder wirkenden Palmenblätter dienen zur Dachbedeckung. Allerdings werden immer mehr Häuser mit pflegeleichteren und haltbareren Materialien wie Ziegeln oder Dachpappe gedeckt.
Früher nutzten die Insulaner Palmenblätter auch für Körbe, Kopfbedeckungen, Tierkäfige und andere Flechtarbeiten, aber hier haben vor allem Plastikwaren die einstige Handarbeit ersetzt. Immerhin, als Besenersatz im Korallensand vor der Haustür sind Palmenwedel immer noch beliebt.
Für den Gaumen bietet die Kokospalme dreierlei: Die Schößlinge des Stammes können gekocht als »Palmenkohl« verspeist werden, der Palmensaft aus den angezapften Stämmen erfreut als Süßstoff oder, wenn vergoren, als Palmwein, der nach der Destillation zu Arrak wird. Angebohrte Stämme tragen allerdings keine Nüsse mehr – und Kokosnüsse sind zweifellos das wirtschaftlich wichtigste Gut dieses genügsamen Allzweckbaumes. Jeder von ihnen trägt im Jahr 50 bis 80 Früchte. Die Kokosmilch im Inneren der etwa menschenkopfgroßen, 1,5 Kilogramm schweren Nüsse ist an heißen Tagen eine angenehme, kühle Erfrischung; viele Schiffbrüchige haben auf quellenlosen Inseln nur überlebt, weil sie aus den Nüssen trinken konnten. Das weiße Kokosfleisch, der Samen der Bäume, kann frisch gegessen werden, als getrocknete Kopra wird es ausgepreßt. Das so gewonnene Öl dient als Speisefett, aber auch zur Seifen- oder Kosmetikherstellung. Die ausgepreßten Ölkuchen sind ein beliebtes Tierfutter.
Umschlossen wird das Innere von einer relativ dünnen, aber sehr harten Holzschale, die als Gefäß, aber auch als Brennstoff genutzt wird. Rings um diese harte Schale ist ein weiches Geflecht aus braunen oder rostroten Fasern gesponnen, aus ihnen werden Seile und Matten gewoben.
Jede Palme ist wertvoll – und deshalb hat jede, selbst auf scheinbar einsamen Inseln, einen Besitzer. Auch abgelegene Eilande werden ein bis zweimal im Jahr zur Ernte angesteuert, wobei die Palmen keine feste Erntezeit haben.
Die ersten Palmen hatten allerdings noch keine Besitzer – archäologische Forschungen haben ergeben, daß auf den meisten Inseln die Palmen schon lange vor dem Eintreffen der ersten Polynesier wuchsen. Die »Besiedlung« der Südsee durch Palmen war relativ einfach: Kokosnüsse, die von überhängenden Palmen ins Meer stürzen, können problemlos wochenlang über Tausende von Kilometern in der salzigen See treiben. Wenn sie dann aber irgendwo auf einen Strand gespült werden, versuchen sie selbst auf dem kärgsten Sandstreifen Wurzeln in das Erdreich zu versenken und eine neue Palme entstehen zu lassen. Ein anderes Sprichwort lautet deshalb auch: »Die Palme baut sich ihre eigenen Kanus.«

Auf allen größeren Südsee-Inseln gibt es Kokospalmen-Plantagen

Die Architekten der Meere

Korallen

Sie messen nur Millimeter und sind doch die größten Baumeister der Erde: Korallen. Die winzigen Tiere, die sich mit ihren Kalkablagerungen ihre eigenen Minihöhlen bauen, haben Zentimeter für Zentimeter unter Wasser gewaltige Gebilde geschaffen, vom 2000 Kilometer langen Great Barrier Reef vor Australien bis zu den Riff-Ringen um die Inseln der Südsee. Die im einzelnen zarten und zerbrechlichen Strukturen aus hartem Kalk sind gemeinsam so stark, daß sie selbst den gewaltigen Brechern des Pazifiks trotzen. Korallenriffe bieten vor allem den »flachen« Inseln, die nur wenige Meter über die Meeresoberfläche hinausragen, jenen Schutz, ohne den diese Inseln kaum überleben könnten. Ohne die vorgelagerten Riffe würden sie von jeder größeren Flutwelle überspült. So entstanden durch die Riffe auch jene türkisgrünen Lagunen zwischen dem Land und dem tiefblauen Ozean, die den Südsee-Inseln erst ihren besonderen Charakter geben und in deren Korallengärten Tausende bunter Fische hin und her huschen.

Die Koralle könnte gut und gerne das Wappentier der meisten südpazifischen Inselstaaten sein, denn sie schützen und erhalten nicht nur die vorhandenen Inseln, sie haben viele von ihnen erst geschaffen. Das gilt besonders für die Atolle, die auf mehrere Arten aus dem Meer wachsen können. Meist ging der Entstehung eines Atolls ein Vulkanausbruch voraus. Wenn dieser einen Berg im Meer schuf, legten die Korallen im Verlauf der nächsten Jahrhunderte ihr Riff ringförmig um die Insel. Oft sanken aber die neuen Berge langsam wieder ins Meer zurück oder wurden von Wind und Regenwasser abgetragen. Dann wuchsen, wenn der Berg wieder in die Tiefe absackte, die Korallen in Richtung Wasserspiegel nach, ein Prozeß, der sich über Jahrhunderte und Jahrtausende hinzog. Wenn schließlich auch die Vulkanspitze in der Flut verschwunden war, blieb nur der Korallenring um die Innenlagune übrig. Auf ihm lagerte sich allmählich Sand ab, mit

Vatulele: Korallen bei Ebbe

dem Wind oder dem Kot der Seevögel gelangten Samen auf den Landstreifen, die ersten Pflanzen wuchsen aus dem Sand, bald folgten Kokospalmen – ein Atoll war geboren.

Korallen können bis zu einer Tiefe von maximal 30 bis 40 Metern existieren. Tiefer gelangt nicht mehr genug Licht zu den Minitieren, die am besten in klarem, 20 bis 36 Grad warmem und von der Sonne bestrahltem Oberflächenwasser gedeihen. Heutzutage sind in den meisten Inselstaaten die Korallen geschützt und dürfen nur noch mit Sondergenehmigungen abgebaut werden. Aber noch vor wenigen Jahren waren sie auf vielen Inseln das übliche und neben Baumstämmen einzige einheimische Baumaterial. In Ermangelung anderen Gesteins sind Blöcke aus den Korallen herausgesägt worden. Wer ausbauen wollte, ging ein paar Schritte hinaus in die Lagune und holte sich die Korallenbrocken. Inzwischen haben aber Fertighäuser zumindest auf den Hauptinseln die traditionellen Häuser aus Korallengestein abgelöst.

Um so wichtiger sind die Korallen für den Fremdenverkehr geworden – wer in die Südsee reist, möchte nicht nur an feinsandigen Stränden baden, sondern auch durch die bizarren Gärten unter dem Wasserspiegel schnorcheln oder tauchen. Einige Korallenarten sind auch als Schmuck gesucht. Die meisten Korallen haben zwar, wenn abgestorben, nur eine unattraktive weiß-graue Färbung, aber es gibt auch Korallen, deren rote oder schwarze Färbung erhalten bleibt. Obwohl die empfindlichen Riffe dabei Schaden nehmen können, werden auf verschiedenen Inseln die Farbkorallen geerntet und zu Schmuck verarbeitet. Tonga, das sich auf die Verarbeitung schwarzer Korallen spezialisiert hat, wirbt für seine Preziosen mit dem Slogan: »Das Schönste, das die Südsee für Sie wachsen läßt.«

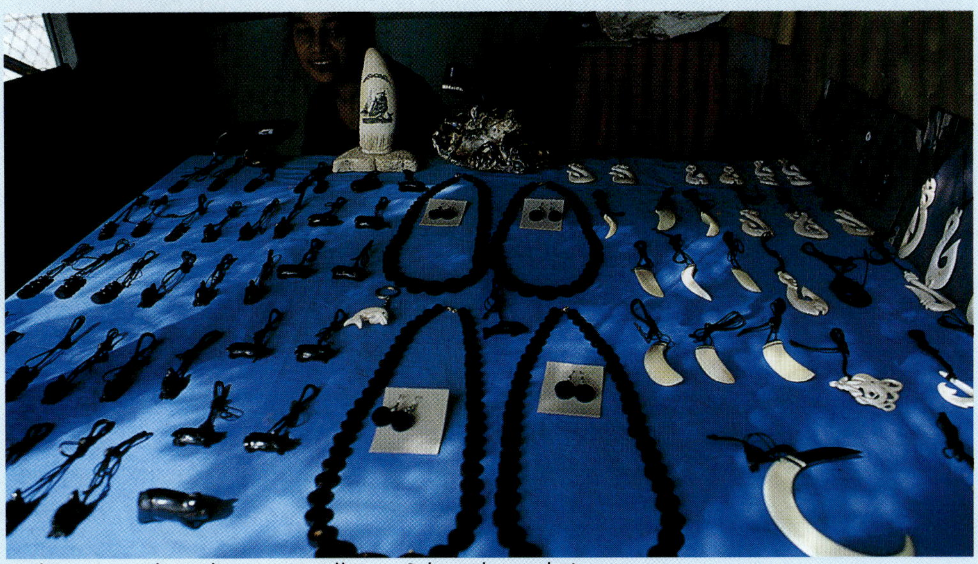

Auf Tonga werden schwarze Korallen zu Schmuck verarbeitet

Allgemeine Reise-Informationen

Adressen

Da sich die kleinen Südseestaaten keine Touristikbüros in Europa leisten können, der Tourismus für sie aber von zentraler wirtschaftlicher Bedeutung ist, unterstützt die Europäische Union unter anderem das gemeinsame Informationsbüro der kleinen Inselstaaten in Deutschland. Das Tourism Council of the South Pacific (TCSP) hat die Anschrift: Dircksenstr. 40, 10178 Berlin, Telefon 030/23 81 76 45, Fax 030/ 23 81 76 41. Die Zentrale der gemeinsamen TCSP-Organisation hat die Anschrift 35 Loftus Street, Suva, Fiji. In ihr arbeiten folgende Staaten und Territorien zusammen: Fidschi, Kiribati, Neu-Kaledonien, Niue, Papua-Neuguinea, Solomon Islands, Tahiti (Französisch-Polynesien), Tonga, Tuvalu, Vanuatu, Westsamoa.

Ein eigenes Fremdenverkehrsbüro unterhält im deutschsprachigen Raum lediglich das zu Frankreich gehörende Tahiti: Schulbergstr. 6–10, 61348 Bad Homburg, Tel. 0 61 72/2 10 21, Fax 06 172/2 55 70. Informationen über die zu Chile gehörende Osterinsel sind zu erhalten über Pro Chile, Kleine Reichenstr. 1, 20457 Hamburg, Tel. 040/ 33 58 35, Fax 040/32 69 57 (gegen 3 Mark Rückporto).

Der Australien-Neuseeland-Südpazifik-Verein (Neuer Jungfernstieg 21, 20354 Hamburg, Tel. 040/34 04 15, Fax 040/34 18 15) ist eine wirtschaftlich ausgerichtete Vereinigung, die mit entsprechenden Informationen und Kontakten dienen kann. Für die Südseestaaten ist die Deutsche Botschaft in Neuseeland zuständig (Deutsche Botschaft, 90–92 Hobson St. Thorndon/Wellington, Neuseeland, Tel. 00 64/4/ 73 60 63).

Südsee-Briefmarken: begehrt bei Sammlern

Anreise, Einreise

Direktflüge aus Deutschland, Österreich und der Schweiz in die Südsee gibt es nicht, es bestehen aber von Frankfurt und Zürich aus tägliche Verbindungen, die gute Anschlüsse haben. Wegen der geographischen Lage des Südpazifikraums gibt es von Mitteleuropa aus keinen großen zeitlichen Unterschied, ob man ostwärts (via Asien oder Australien) oder westwärts (via Amerika) fliegt. Die wichtigsten Drehkreuze für Flüge auf die Inseln sind Honolulu (Hawaii), Los Angeles (Kalifornien), Auckland (Neuseeland) und – in geringerem Maß – Sydney (Australien). Eine besondere Route führt über Südamerika: Da die Osterinsel zu Chile gehört, kann man von Frankfurt via Madrid nach Santiago de Chile und von dort aus weiter auf die Osterinsel und nach Papeete fliegen. Dort wurden in Zusammenarbeit der Fluggesellschaften Lan Chile und Ansett New Zealand Anschlußflüge nach Neuseeland und weiter nach Australien geknüpft. Alle diese Routen ermöglichen attraktive Zwischenstopps, manche Fluggesellschaften limitieren allerdings bei preiswerten Tickets die Zahl der Zwischenaufenthalte.

Auf diese Weise läßt sich bei entsprechender Planung ein Südsee-Urlaub mit einem Flug rund um die Welt verbinden. Qantas offeriert in Kooperation mit anderen Linien eine solche Möglichkeit. Dasselbe gilt für Air New Zealand, diese Gesellschaft hat überdies ein relativ enges Flugnetz im Bereich der Südsee-Inselstaaten. Die wichtigsten Fluggesellschaften für Flüge von Deutschland in Richtung Südsee haben folgende Adressen: Air New Zealand, Friedrichstr. 10–12, 60323 Frankfurt/ Main, Tel. 069/9 71 40 30, Fax 069/ 97 1403 90 (Frankfurt–Auckland); Air France, Friedensstr. 11, 60311 Frankfurt/ Main, Tel. 069/2 56 61 00, Fax 069/ 23 32 10 (Frankfurt–Papeete via Paris), Lan Chile, Liebfrauenstr. 1–3, 60313 Frankfurt/Main, Tel. 069/29 80 01 33, Fax 069/1 31 07 76 (Frankfurt–Santiago, die Linie bietet auch »Pässe« an, mit denen man verschiedene Orte in Chile mit einem Flug auf die Osterinsel kombinieren kann); Qantas, Bethmannstraße 56, 60311 Frankfurt/Main, Tel. 069/2 99 00 20, Fax 069/29 90 02 32 (Frankfurt–Sydney).

Nach Hawaii fliegen alle großen amerikanischen Fluggesellschaften, man muß allerdings in den USA, meist in Los Angeles, umsteigen. Los Angeles ist auch ein Ziel der Lufthansa und der Swissair. Sowohl Air Pacific (Fidschi) als

REISEDATEN SÜDSEE

Flug von Deutschland	Inlandsverkehr	Reisepapiere	Devisen	Mietwagen	Benzin	Hotel	Guesthouse	Menü	Einfaches Essen	Ortszeit	Tauchgang
ab 2300 DM (Nebensaison)	Fidschi: Suva - Nadi/Airport: ca. 30 DM	Reisepaß, drei Monate gültig	US-Dollar werden überall akzeptiert	Fidschi: ab 100 DM, Cook-Inseln: ab 65 DM pro Tag	Tonga: 0,90 DM, Cook Islands: 1,10 DM	Franz.-Polyn.: 190 DM, Fidschi: 120 DM	Franz.-Polyn.: 75 - 90 DM, Fidschi: 40 DM	Franz.-Polyn.: 45 DM, Fidschi: 25 DM	Hamburger: 3–5 DM, Cola etc.: 2–4 DM	MEZ –6 Std. (Osterinsel), MEZ +11 Std. (Fidschi)	Franz.-Polyn.: ca. 100 DM, Cook Islands: ab 40 DM

Der Flughafen von Rarotonga wird in der Hauptsaison sogar von Jumbos angeflogen

auch Polynesian Airlines fliegen nach Los Angeles. Polynesian Airlines bietet einen preiswerten »Polypass« für ihr Flugnetz an, die Linie wird in Europa vertreten durch Eest Reisen, Vohenburger Str. 28, 86159 Augsburg, Tel. 08 21/40 30 32, Fax 08 21/40 22 99. Polynesian Airlines hat gemeinsam mit Qantas und Air Vanuatu den »Visit South Pacific Pass« zusammengestellt. Informationen über den »Pacific Air Pass« von Air Fiji und Air Pacific sind erhältlich über Aeroworld Flugvermittlung, Altonaer Str. 63, 20357 Hamburg, Tel. 040/43 16 71 00, Fax 040/4 22 65 99. Fiji Air hat auch gemeinsam mit Polynesian Airlines das »South Pacific Triangle Ticket« aufgelegt. Weitere Linien, die in Deutschland vertreten sind: Ansett Australia, Friedrichstr. 10–12, 60323 Frankfurt/Main, Tel. 01 30/81 88 78, Fax 069/17 49 49; AOM French Airlines, Budapester Str. 41, 10787 Berlin, Tel. 030/2 64 12 45, Fax 030/2 64 15 46.

Die Fluggesellschaften, die zwischen den pazifischen Inseln verkehren, sind jeweils bei den einzelnen Inseln genannt.

In der Touristenklasse dürfen auf den interkontinentalen Strecken jeweils 20 Kilo Gepäck plus Handgepäck mitgenommen werden. Bei den Routen über Amerika gilt meist das »Stück-Konzept«: zwei Gepäckstücke mit jeweils bis zu 32 Kilo Gewicht. Anders sieht es auf den Südseestrecken aus, die mit kleinen Propellermaschinen geflogen werden, dort ist das Gepäckgewicht in der Regel auf 10–15 Kilo begrenzt. Gegebenenfalls muß man deshalb einen Teil des Gepäcks auf dem Flughafen zurücklassen.

Für die Einreise in die Südseestaaten benötigen Bürger aus deutschsprachigen Ländern kein Visum. Falls aber mehr als ein Transit in Australien in die Reiseroute eingeplant werden soll, ist für dieses Land ein – kostenfreies – Visum zu besorgen. Auf den Inseln wird zur Einreise ein Paß gefordert, der noch mindestens drei Monate gültig ist. Fast alle Staaten fordern auch ein Ticket für den Rück- oder Weiterflug und den Nachweis ausreichender Finanzmittel. Kontrolliert werden diese beiden Punkte jedoch nur stichprobenartig.

In manchen Südseestaaten darf man das Flugzeug nach der Landung erst verlassen, wenn die Maschine mit einem (angeblich für Menschen unschädlichen) Insektenspray eingenebelt wurde. Damit soll die Übertragung von Schädlingen der Landwirtschaft verhindert werden.

Ausreise

Einige Inselstaaten verlangen zur Ausreise eine Flughafensteuer. Cook Islands: Bei der Abreise ist eine Flughafensteuer von 20 Neuseeland-Dollar zu entrichten, Kinder zwischen zwei und zehn Jahren zahlen die Hälfte. Wer sich im Transit weniger als 24 Stunden auf den Cook-Inseln aufhält, ist von dieser Steuer befreit.

Westsamoa: 20 Western Samoa Dollar. Tonga: Die Flughafensteuer beträgt 15 Tonga-Dollar, sie ist nur bei Auslandsflügen fällig. Transitreisenden bleibt sie erspart, wenn sie weniger als 12 Stunden in Tonga bleiben. Fidschi: 10 Fidschi Dollar. Osterinsel: Die Flughafensteuer beträgt bei Flügen nach Santiago 8, bei Flügen nach Papeete 18 US-Dollar.

Behinderte

Die Südsee-Inseln sind kein sehr geeignetes Reiseziel für Rollstuhlfahrer, da die kleinen Flugzeuge und viele Hotels nicht darauf eingerichtet sind. Zielorte, die mit größeren Jets erreichbar sind, haben aber oft auch Einrichtungen für behinderte Reisende. Nähere Auskunft erteilt das jeweilige Touristikbüro.

Einkaufen

In einigen Regionen der Südsee wird schönes und sorgfältig gefertigtes Kunsthandwerk hergestellt, das gilt insbesondere für die Marquesas und Tonga. Größere Stücke werden dort auf Wunsch auch nach Europa versandt. Ansonsten ist die Südseeregion nicht sonderlich attraktiv als Einkaufsziel. Viele Waren sind wegen der langen Transportwege und des vergleichsweise kleinen Marktes teurer als in Europa.

Die ersten »Schritte« unter Wasser: Schnorchelunterricht auf Bora Bora

Die Ladenöffnungszeiten sind überall ähnlich, insbesondere auf den durch Missionare geprägten Inseln wird die Sonntagsruhe sehr strikt eingehalten.
In Deutschland sind zahlreiche Südsee-Produkte (Literatur, Kunsthandwerk, Kosmetik, Musik, Pareos und Stoffe) erhältlich bei: La Pirogue, Südsee-Versand, Paul-Lincke-Ufer 39/40, 10999 Berlin, Tel./Fax 030/6 11 62 81.

Elektrische Geräte

Überall liegt die Stromspannung bei 220–240 Volt, nur in Französisch-Polynesien gibt es noch vereinzelt Plätze mit 110-Volt-Spannung, in Amerikanisch-Samoa durchgehend 110 Volt. Die Steckdosen sind allerdings unterschiedlich zwischen einigen Inselstaaten, deshalb ist ein Mehrfachadapter hilfreich. Hin und wieder gibt es Steckdosen, die eingeschaltet werden müssen, ehe sie Strom abgeben.

Feiertage, Ferien

Neben den üblichen Feiertagen wie Weihnachten, Ostern oder 1. Mai haben die Südseestaaten unterschiedliche Festtage (siehe Insel-Infos). Da die Länder in der südlichen Hemisphäre liegen, sind die Jahreszeiten »umgedreht«. Der Hochsommer ist somit um Weihnachten und im Januar; Juni und Juli sind die Wintermonate. Das hat zwar auf den tropischen Inseln keine großen Auswirkungen. Es macht sich aber während der Schulferien bei der Auslastung der Hotels und Flugzeuge bemerkbar, insbesondere auf den Inseln, die von Australiern und Neuseeländern als Urlaubsziele bevorzugt werden.

Fotografieren

Kameras und Filme sind teurer als in Deutschland, die Filme scheinen auch nicht immer gut gelagert zu sein. Im feuchtheißen Klima sollten die Kameras entsprechend geschützt werden. Zur Tagesmitte ist die Sonne meist sehr stark, das Fotolicht ist entsprechend schlechter.

Geld

Alle Inselstaaten haben ihre eigene Währung. Für die Territorien gilt dasselbe, allein Amerikanisch-Samoa und die Osterinsel sind Ausnahmen. Diese Inselwährungen können in der Regel auf anderen Inseln nicht benutzt und nicht gewechselt werden. Deshalb hat sich der amerikanische Dollar quer durch die Südsee zu einer mehr oder minder geduldeten Ersatzwährung entwickelt. Im australischen oder neuseeländischen Einflußbereich sind auch die Dollars dieser Staaten geschätzt. Generell sollte man – in Dollars wie in Landeswährung – stets reichlich kleine Noten haben, da es hin und wieder Probleme beim Wechselgeld gibt.
Kreditkarten sind in der Südsee weit verbreitet. Unproblematisch ist auch der Umtausch von Travellerschecks, lediglich auf den weniger touristisch erschlossenen Inseln wird ausschließlich Bargeld akzeptiert. Auf den meisten Flughäfen gibt es Möglichkeiten zum Geldwechseln zu den üblichen Kursen.

Vailima-Bier: nach deutschem Rezept gebraut

Gesundheit

In den Hauptstädten der Inselstaaten gibt es überall eine zumindest ausreichende, oft auch gute medizinische Versorgung. Auf den kleinen Außeninseln ist das häufig nicht der Fall. Seuchen und ähnliche Gefährdungen, etwa Malaria, gibt es auf den hier vorgestellten Inseln nicht. Impfungen sind nur notwendig, wenn man aus Seuchengebieten kommt. Dennoch empfehlen sich Schutzimpfungen gegen Wundstarrkrampf (Tetanus), Diphtherie, Kinderlähmung und Typhus. Nähere Informationen (insbesondere für die, die noch nach Melanesien oder Mikronesien weiterreisen wollen) erteilt das Bernhard-Nocht-Institut für Tropenmedizin, Bernhard-Nocht-Str. 74, 20359 Hamburg, Tel. 040/3118 20 (gegen einen frankierten Rückumschlag).
Gefährlich und oft unterschätzt wird die intensive Sonneneinstrahlung. Deshalb sind neben Sonnenhüten auch Sonnenschutzmittel für die Haut unabdingbar, zumindest in den ersten Tagen sollten diese auch hohe Lichtschutzfaktoren haben.
Das Trinkwasser ist auf den Hauptinseln überwiegend in Ordnung, Vorsicht ist dennoch angesagt, besonders auf flachen Inseln und Atollen, wo Regenwasser gesammelt werden muß. Eine etwas kurios klingende, aber angesichts zahlreicher schwerer Unfälle notwendige Warnung: Wer unter einer Palme Schatten sucht, sollte sich nicht unter ein dikkes Bündel reifer Kokosnüsse legen.
Wer in der Südsee ärztliche Hilfe benötigt, muß die Kosten selber tragen, da diese Gebiete nicht von den heimischen Krankenkassen abgedeckt werden. Deshalb ist eine Reise-Krankenversicherung hilfreich.

Tanzschau in Apia, der Hauptstadt Westsamoas

Jet Lag

Erfahrene Reisende haben ihre eigene Methode, wie sie mit dem Jet Lag zurechtkommen. Viele raten, sich sofort auf die neue Tageszeit einzustellen und am Ankunftstag möglichst spät ins Bett zu gehen. Diese Störung der »inneren Uhr« durch einen schnellen Flug über eine Reihe von Zeitzonen ist zwar keine ernsthafte Erkrankung, kann aber zu Konzentrationsmängeln und eingeschränkter Leistungsfähigkeit führen. Durch reichlichen Alkoholgenuß während des Fluges können diese Effekte noch verstärkt werden. Im Durchschnitt braucht der menschliche Körper jeweils einen Tag, um zwei Stunden Zeitunterschied aufzuarbeiten.

Klima, Reisezeit

Das Klima ist im gesamten Südseeraum ähnlich: stets tropisch heiß, mit Tagestemperaturen zwischen 23 und 33 Grad und hoher Luftfeuchtigkeit. Nachts sinkt die Temperatur selten unter 20 Grad. Von Mai bis Oktober ist es etwas trockener als in den anderen Monaten. Besonders schwül ist es zwischen Dezember und Mai. Kühler ist es im »Winter« nur auf den weiter südlich gelegenen Inseln. Gemildert wird die Hitze durch die Passatwinde.

Küche

Die Stammgerichte der polynesischen Küche sind auf allen Inseln ähnlich und

Tahiti	Temp. max.	Temp. min.	Wassertemp.	Regentage	Sonnenstd.
Januar	30°	23°	27°	14	7
Februar	30°	23°	27°	12	7
März	30°	23°	27°	10	7
April	30°	23°	28°	9	8
Mai	30°	22°	28°	7	7
Juni	29°	21°	27°	5	7
Juli	28°	21°	26°	4	7
August	28°	21°	26°	4	8
September	28°	21°	26°	4	8
Oktober	29°	22°	26°	7	7
November	29°	23°	27°	9	7
Dezember	30°	23°	27°	13	7

Quelle: Seewetteramt Hamburg

geprägt von dem, was schon auf den Inseln wuchs, ehe Frachter und Flugzeuge Konserven und tiefgefrorene Rinderhälften in die Südsee transportierten. Die Gaben der eher kargen Eilande waren Kokosnüsse, Taro, Yam, Süßkartoffeln (Kumara) und Brotfrüchte, später kamen tropische Früchte wie Bananen und Ananas hinzu. Ansonsten sorgte das Meer mit Fischen, Krustentieren und Muscheln für gedeckte Tische.

Die ersten Insulaner hatten Hunde und polynesische Ratten mitgebracht, Tiere, die zum Verzehr bestimmt waren. Später kamen Ziegen und Schweine hinzu, gerade letztere erfreuen sich als Spanferkel auf den Inseln großer Beliebtheit. Ähnlich beliebt ist eine Gabe der Neuzeit, Corned Beef. Es wird in mächtigen, an Benzinkanister erinnernde Dosen in die Südsee geliefert. Corned Beef gehört denn auch zu Palusami, einem Gericht, in dem das Fleisch mit zerrupften Taroblättern und Kokossaft in Bananenblättern gewickelt und im Umu oder Lovo, dem Erdofen, gegart wird. In den Erdöfen sorgen im Feuer erhitzte Lava- oder Korallensteine für die richtigen Kochtemperaturen. Auf Bananenblättern werden dann die Speisen in Schichten aufgelegt: Fisch, Fleisch und Gemüse. Auch hier dient die Kokosmilch zur Verfeinerung, ebenso wie beim Poisson Cru (auch Kokoda genannt), dem kleingeschnittenen, für rund zehn Stunden in Limone marinierten Fisch.

Literatur, Kino

Da die Südsee die Phantasie der Europäer und Nordamerikaner immer stark beschäftigt hat, gibt es eine reiche Südsee-Literatur. Gerade Autoren, die gerne Abenteuergeschichten schrieben, schätzten den Südpazifik als Schauplatz ihrer Romane. Diese Gattung ist

Tivae Vae nennen die Cook-Insulaner diese als Souvenirs geschätzten Tücher

zwar, weil vermeintlich nicht ernsthaft genug, in der deutschen Literatur nicht allzu üppig vertreten. Aber einer ihrer bekanntesten Vertreter, Friedrich Gerstäcker (»Tahiti«), bediente sich der palmengesäumten Szenerie. Die Meister der Südsee-Literatur schrieben jedoch englisch: Jack London (»Südsee-Abenteuer«, Diogenes Verlag, Zürich), Somerset Maugham (»Betörende Südsee«, Ullstein Verlag, Berlin), James A. Michener (»Die Südsee«, Knaur Verlag, München), um nur einige zu nennen. Erich Scheurmann verfaßte »Der Papalagi. Die Reden des Südsee-Häuptlings Tuiavii aus Tiavea« (Klett-Verlag, Stuttgart).

In den letzten Jahren präsentierten sich aber auch Insulaner als literarische Talente. Der bekannteste Schriftsteller der Region ist Albert Wendt aus Westsamoa, er lebt inzwischen in Neuseeland und unterrichtet Literatur an der Universität Auckland. Auch Alistar Campbell von den Cook Islands hat sich inzwischen international einen Namen machen können. Regional bekannt sind ferner Epeli Hau'ofa aus

Tonga und Subramani aus Fidschi; zu beziehen sind die Bücher über den Buchhandel oder La Pirogue, Südsee-Versand (siehe »Einkaufen«).

Die populäre Wirkung, die das Wort »Südsee« auf europäische und nordamerikanische Seelen ausübt, wäre aber nur unvollkommen geschildert ohne den Hinweis auf die Traumindustrie: Hollywood nutzt die Südsee seit seinen frühen Tagen. Bereits 1914, noch zu Stummfilmzeiten, erschien »McVeagh of the South Seas«, die Geschichte eines Kapitäns, der in den Salomonen versackte. Berühmtere Titel waren »Love Affair«, »South Pacific« nach dem Erfolgsmusical von Rodgers und Hammerstein, die »Meuterei auf der Bounty« – ebenfalls mehrfach verfilmt – unter anderem mit Clark Gable und später mit Marlon Brando, und der Teenager-Film »Die Blaue Lagune«.

Touristenherberge im polynesischen Stil: »Sofitel la Ora Hotel« auf Moorea

Maße, Gewichte

In der Südsee wird meist mit metrischen Maßen gemessen, Temperaturangaben werden in Celsius gegeben (Fahrenheit-Ausnahmen: die Osterinsel und Amerikanisch-Samoa). Populäre Maße sind aber immer noch Foot (30,48 Zentimeter), Acre (4047 Quadratmeter) und Mile (1,61 Kilometer). Bei den Gewichten ist das englische Pound (454 Gramm) noch in Gebrauch. Die Konfektionsgrößen sind britische Maße, die Damengröße 14 entspricht beispielsweise der deutschen Größe 42.

Medien

Alle in diesem Band vorgestellten Staaten und Territorien haben mindestens ein eigenes Fernsehprogramm, das über Satellit gespeist wird. Der lokale Anteil ist jedoch bei den meisten Sendern aus Kostengründen relativ gering. In einigen Gebieten kann man mit guten Empfangsanlagen die Programme amerikanischer Satellitensender empfangen. An lokalen Radiostationen besteht kein Mangel, selbst die isolierte Osterinsel hat für ihre 2500 Bewohner drei Radioprogramme. Im ganzen Südpazifik kann man die Kurzwellenprogramme der Deutschen Welle und der britischen BBC empfangen. In allen Staaten und Territorien, ausgenommen die Osterinsel, wird mindestens eine Zeitung verlegt, die allerdings manchmal nur ein- oder zweimal in der Woche erscheint. Den besten aktuellen Überblick über das politische, wirtschaftliche und kulturelle Geschehen in den südpazifischen Staaten bietet das in Fidschi herausgegebene Magazin »Pacific Islands Monthly«. Der Neuseeländer Paul Chilvers-Grierson (Gartenstr. 86, 60596 Frankfurt, Tel./Fax 06186/900009) bringt vierteljährlich ein Magazin mit Themen zu Neuseeland, Australien, Südpazifik heraus.

Nationalparks

Die meisten Inselstaaten und Territorien haben Nationalparks, Naturreservate oder maritime Schutzgebiete ausgewiesen. Einige sind allerdings nur mit eigenem Boot zu erreichen, das gilt beispielsweise für das Suwarrow Atoll auf den Cook Islands. Hoch entwickelt ist der Naturschutzgedanke in den Inselstaaten trotz deren fragiler Ökologie jedoch nicht. Deshalb finden Wanderer auch nicht in allen Naturparks gepflegte Wanderwege und Campingplätze.

Post, Telefon

Die Postwege sind in der Südsee lang, und entsprechend lange dauert es oft, bis die Post ihr Ziel erreicht. Auch hier ist die gemächliche »South Seas Time« häufig genug das Maß der Zeit. Postkarten nach Europa sind oft drei und mehr Wochen unterwegs. Wer es eilig hat, der faxt. Dafür bringen die Postverwaltungen der Inseln viele und schöne Briefmarken heraus, die vor allem mit Themenmarken den internationalen Sammlermarkt bedienen sollen. Die Einnahmen aus dem Briefmarkenhandel sind ein wichtiger Posten im Etat vieler Südseestaaten. Selbstverständlich haben auch die Telefonverwaltungen entsprechend schöne Telefonkarten im Angebot. Diese Karten sind auch praktisch für Gespräche in die Heimat, denn im Hotel sind solche Gespräche dank satter Aufschläge ein teures Vergnügen. Die Vorwahlziffern sind für Amerikanisch-Samoa 00684, für die Cook Islands 00682, für Fidschi 00679, für Französisch-Polynesien 00689, für die Osterinsel 005639, für Tonga 00676, und für Westsamoa 00685. Für Anrufe aus diesen Ländern: Deutschland hat die internationale Vorwahl 0049.

Rundreise

Angesichts der weiten Entfernungen empfehlen sich Rundreisen nur per Flugzeug. Dabei ist es sinnvoll, die Flugnetze von Air Pacific (Fidschi) und Polynesian Airlines (Französisch-Polynesien) zu verbinden. Beide fliegen Nadi, Apia und Nuku'alofa an, Polynesian Airlines überdies auch Rarotonga und Pago Pago. Die Flugnetze und Abflugzeiten ändern sich jedoch bisweilen, das erschwert eine langfristige Planung. Beide Fluggesellschaften bieten Flugpässe, die in der Regel 30 Tage gültig sind.

Sicherheit

Die Südseeländer sind recht sichere Reiseziele. Fremde werden überall gerne gesehen, es gibt, vom ländlichen Upolu/Westsamoa abgesehen, keine Aggressionen gegenüber Touristen. Relativ weit verbreitet sind jedoch Diebstähle. Das gilt insbesondere für die Insel Tahiti und ihre Hauptstadt Papeete, aber auch für die Westküste von Viti Levu/Fidschi.
Alleinreisende Frauen bleiben in der Regel unbehelligt, auch wenn Polynesiens Männer gerne als Machos auftreten. Alleinreisende Frauen sollten aber am Wochenende nicht unbegleitet in die Diskotheken gehen – der Alkohol macht manchen Burschen zudringlicher, als er nüchtern wäre. Im Straßenverkehr paßt man sich am besten dem gemütlichen Inseltempo an.

Für Touristen nachgebaut: Wehranlage im Pacific Harbour Cultural Centre auf Viti Levu

Sport

Angesichts der Insellage bieten sich in Polynesien zahlreiche Wassersportarten an. Keine Insel, kein Strandhotel, das nicht kleine oder größere Segel- und Motorboote vermietet. Bretter zum Surfen und Windsurfen sind überall leicht zu mieten. Kajaktouren auf See entlang der Küsten erfreuen sich wachsender Beliebtheit.
Aber die wahren Schätze der von Korallenriffen umgebenen Eilande liegen unter Wasser. Deshalb verfügen alle touristischen Inseln über Tauchschulen und andere Einrichtungen für Taucher; Fidschi hat sogar einen eigenen Hochglanzkatalog für Tauchurlauber herausgegeben. Aber auch Schnorchler können die Korallengärten in den Lagunen genießen, die meisten Hotels halten Taucherbrillen und Schwimmflossen für ihre Gäste bereit. Auf vielen Inseln offerieren Bootsbesitzer ihre Spezialboote für Hochsee-Angeltouren.
Die beliebtesten Sportarten an Land sind Fußball sowie Kricket und Rugby. Beach Volleyball wird zugleich immer populärer, auch unter Touristen. Die großen Ferienhotels haben meistens Tennisplätze, wegen der großen Tageshitze sind die Termine für Abendspiele unter Flutlicht meist schnell ausgebucht. In vielen Hotels kann man Fahrräder leihen, auf den oft engen Hauptstraßen ist Fahrradfahren jedoch nicht überall der reine Genuß.

Sprache

In ganz Polynesien kommt man mit Englisch gut zurecht, obwohl die meisten Polynesier unter sich ihre angestammte Sprache sprechen. Dieses Polynesisch ist zwar in jeder Inselgruppe verschieden, aber dennoch können sich die Insulaner quer durch Polynesien untereinander gut verständigen. In Französisch-Polynesien wird Englisch allerdings nur in touristischen Institutionen und Firmen gesprochen.

Trinkgeld

In Polynesien stehen Trinkgelder im Gegensatz zu den traditionellen Geboten der Gastlichkeit, deshalb sind sie unüblich. Allerdings sieht das Personal größerer internationaler Hotels dies inzwischen nicht mehr so eng und weist die Gaben, wenn sie denn angeboten werden, nicht mehr zurück. Aber ansonsten heißt es gewohnheitsgemäß in Restaurants und Herbergen: No tipping please. Im australisch-neuseeländischen Einflußbereich in Polynesien kommt hinzu, daß auch in diesen Ländern – aus anderen Gründen – »Tips« für Kellner und andere Dienstleister die Ausnahme sind.

Unterkunft

Der Südpazifik bietet für jeden die passende Unterkunft, die Palette reicht vom Luxushotel bis zur Jugendherberge und zum Campingplatz (Französisch-Polynesien). Nur das »Gratisschlafen« am Strand wird kaum irgendwo geduldet. Diese Entscheidung hat weniger finanzielle Gründe als die Furcht, junge Aussteiger können sich irgendwo an der Beach dauerhaft niederlassen. Des-

»Landestypisches« Luxushotel: »Fafa Island Resort« in Tonga

halb ist auf den Cook-Inseln beispielsweise Camping untersagt. Ansonsten können die Touristikbüros passende Unterkünfte vermitteln, wobei jedoch das Preisniveau in allen Kategorien internationales Niveau hat, häufig sogar noch darüber liegt.

Auf den Cook-Inseln sind viele Zimmer und Bungalows mit einer Küche ausgestattet. Fidschi bietet eine große Auswahl an Unterkünften. Französisch-Polynesien dagegen bietet überwiegend Hotelzimmer der gehobenen Preiskategorie (ab 180 Mark). Auf Tonga sind Preise und Standard mäßig. Auf Westsamoa beschränken sich die Hotels nahezu ausschließlich auf die Hauptstadt Apia.

Einige Hotels und Hotelketten sind auch mit Verkaufsbüros in Deutschland präsent. Wo dies Einzelvertretungen sind, ist es bei den jeweiligen Insel-Infos vermerkt. Hinzu kommen drei Hotelketten: Hyatt Hotels und Resorts, Große Eschenheimer Str. 43, 60313 Frankfurt/Main, Tel. 069/29 01 14, Fax 069/29 01 72; Four Seasons-Regent, Oeder Weg 15, 60318 Frankfurt/Main, Telefon 069/9 55 21 50, Fax 069/95 52 15 15; Sheraton, Flughafen Rhein-Main, Terminal Mitte, 60549 Frankfurt/Main, Tel. 069/69 77 21 40, Fax 069/69 77 22 30.

Nicht alle Südseestraßen sind so gut wie die Cross Island Road auf Upolu

Veranstaltungen

Die Polynesier feiern gerne, deshalb mangelt es nicht an Festivitäten (die Daten finden sich bei den einzelnen Insel-Infos). Diese Festwochen wirken sich zwar nur am Rande auf die Belegung der Touristenhotels aus, weil die meisten Besucher von anderen Inseln bei Freunden und Verwandten übernachten. Weil dann aber viele Einheimische unterwegs sind, sind die Flugzeuge oft ausgebucht.

Verkehrsmittel

Auf allen touristischen Inseln kann man Autos mieten, die Preise sind von Insel zu Insel verschieden, aber fast immer etwas höher als in Europa. Meist reicht der heimische Führerschein für den Mietvertrag, in einigen Fällen kassiert der Staat aber noch einige Dollars extra für eine »temporäre Fahrerlaubnis«. Linksverkehr gibt es auf den Cook-Inseln, Fidschi und Tonga. Näheres dazu bei den Insel-Infos. Mietwohnmobile stehen auf den Inseln nicht zur Verfügung. Buslinien gibt es auf allen Hauptinseln, die Busse verkehren allerdings nicht immer fahrplanmäßig.

Auf allen größeren Inseln stehen auch Taxis zur Verfügung, die Fahrer sind überwiegend ehrlich. Dennoch sollte man vor längeren Strecken und bei fehlendem Taxameter im Auto zuvor den Fahrpreis absprechen. Das schnellste Verkehrsmittel zwischen den Inseln ist natürlich das Flugzeug, die wichtigsten Verbindungen finden sich jeweils in den Insel-Infos. Dasselbe gilt für Fähren und andere Schiffsverbindungen. Für kleinere Fahrten kann man in allen Häfen Boote mit Bootsführern mieten.

Überall in Fidschi fahren Busse zu niedrigen Preisen

Zeit

Polynesien wird nicht nur von vier Zeitzonen, sondern auch noch von der Datumslinie durchzogen. Das kann sehr verwirrend sein, insbesondere, wenn man auf seiner Reiseroute die Datumslinie mehrfach wie im Zickzack überquert. Eine Erleichterung gibt es immerhin: Die Inseln schalten nicht um zwischen Sommer- und Winterzeit. Die erste Zeitzone im Osten birgt die Osterinsel: Wenn es in Mitteleuropa am Montag 13 Uhr ist, ist es auf der Isla de Pasqua Montag 7 Uhr (–6 Stunden), in Französisch-Polynesien und auf den Cook Islands Montag 2 Uhr (–11 Stunden), auf Tonga und Samoa Montag 1 Uhr (–12 Stunden) und jenseits der Datumsgrenze auf Fidschi Dienstag 0 Uhr (+11 Stunden).

Zeittafel

ca. 300
Im vierten Jahrhundert erreichen vermutlich die ersten Einwanderer von Asien her die Marquesas. Um 500 brechen sie auf nach Hawaii und zur Osterinsel, um 800 besiedeln sie die Gesellschaftsinseln. Von dort starten sie um 1000–1100 zu ihren Fahrten auf die Cook Islands und nach Neuseeland.

1513
Der Spanier Vasco Núñez de Balboa durchquert Mittelamerika und erreicht als erster Europäer den Pazifik.

1616
Der Holländer Jacob Le Maire findet auf der Suche nach Gewürzinseln die nördlichen Inseln Tongas.

1642/43
Abel Tasman, ebenfalls ein Holländer, entdeckt weitere Inseln Tongas sowie einige Fidschi-Inseln.

1722
Jacob Roggeveen stößt auf die Osterinsel und später auf die Samoa-Inseln.

1767
Der britische Captain Samuel Wallis wirft als erster Europäer vor Tahiti Anker und reklamiert sie für seinen König. Er entdeckt auch mehrere Tuamotu-Atolle.

1768
Louis-Antoine de Bougainville kommt nach Tahiti. Er weiß nichts von dem britischen Anspruch und nimmt die Inseln für Frankreich in Besitz.

1769–1780
Systematisch und gezielt erforscht James Cook auf drei Reisen die Südsee (1769, 1772, 1778).

1788
Der französische Kapitän La Perousse geht bei der Erforschung der Südsee samt Besatzung verloren.

1797
Die London Missionary Society gründet ihre ersten Stationen in Tahiti und Tonga.

1842
Frankreich annektiert die Marquesas und erklärt Tahiti zu seinem Protektorat.

1856
Das Hamburger Handelshaus J. C. Godeffroy & Sohn gründet eine Niederlassung auf Upolu/Samoa.

1874
Fidschi wird britische Kolonie.

1876
Das Königreich Tonga schließt einen Freundschaftsvertrag mit Deutschland.

1888
Die Cook-Inseln werden britisches Protektorat. Nach dem Sieg im Pazifikkrieg annektiert Chile die Osterinsel.

1899
Westsamoa wird deutsche Kolonie.

1914
Im Ersten Weltkrieg besetzen Neuseeländer die deutsche Samoa-Kolonie.

1919
Westsamoa wird Mandatsgebiet des Völkerbunds, verwaltet von Neuseeland, das den Samoanern keine ernsthafte Mitbestimmung einräumt.

1939–1945
Vom Zweiten Weltkrieg wird Polynesien im Gegensatz zu Mikronesien und Melanesien nur indirekt betroffen. Auf verschiedenen Inseln werden US-Truppen stationiert, sie legen die Flughäfen an, aus denen das heutige Flugnetz entsteht.

1962
Westsamoa wird als erste ehemalige Südsee-Kolonie unabhängig, es folgen die Cook Islands (1965), Fidschi (1970) und das zuvor von Neuseeland verwaltete Niue (1974).

1963
Frankreich verlagert sein Atombomben-Testgelände von Algerien nach Mururoa und Fangataufa, bis 1975 finden die Tests oberirdisch, danach unterirdisch statt.

1984
Die Territorialverwaltung in Tahiti erhält eine »innere« Autonomie.

1995
Der französische Staatspräsident Jacques Chirac nimmt die Atomtests in Polynesien wieder auf.

1996
Chirac verkündet die »endgültige« Einstellung der Atomtests.

Die Fähren zwischen den Inseln verkehren selten pünktlich

Zoll

Generell darf man bei der Einreise in die Südseestaaten jeweils 200 Zigaretten einführen, Fidschi erlaubt 500. Unterschiede gibt es auch bei der Alkoholeinfuhr. Die Regel ist ein Liter. Die Cook Islands und Französisch-Polynesien erlauben zwei Liter, Fidschi zwei Liter plus vier Liter Wein oder Bier.

Stand der Info-Angaben: Mai 1996

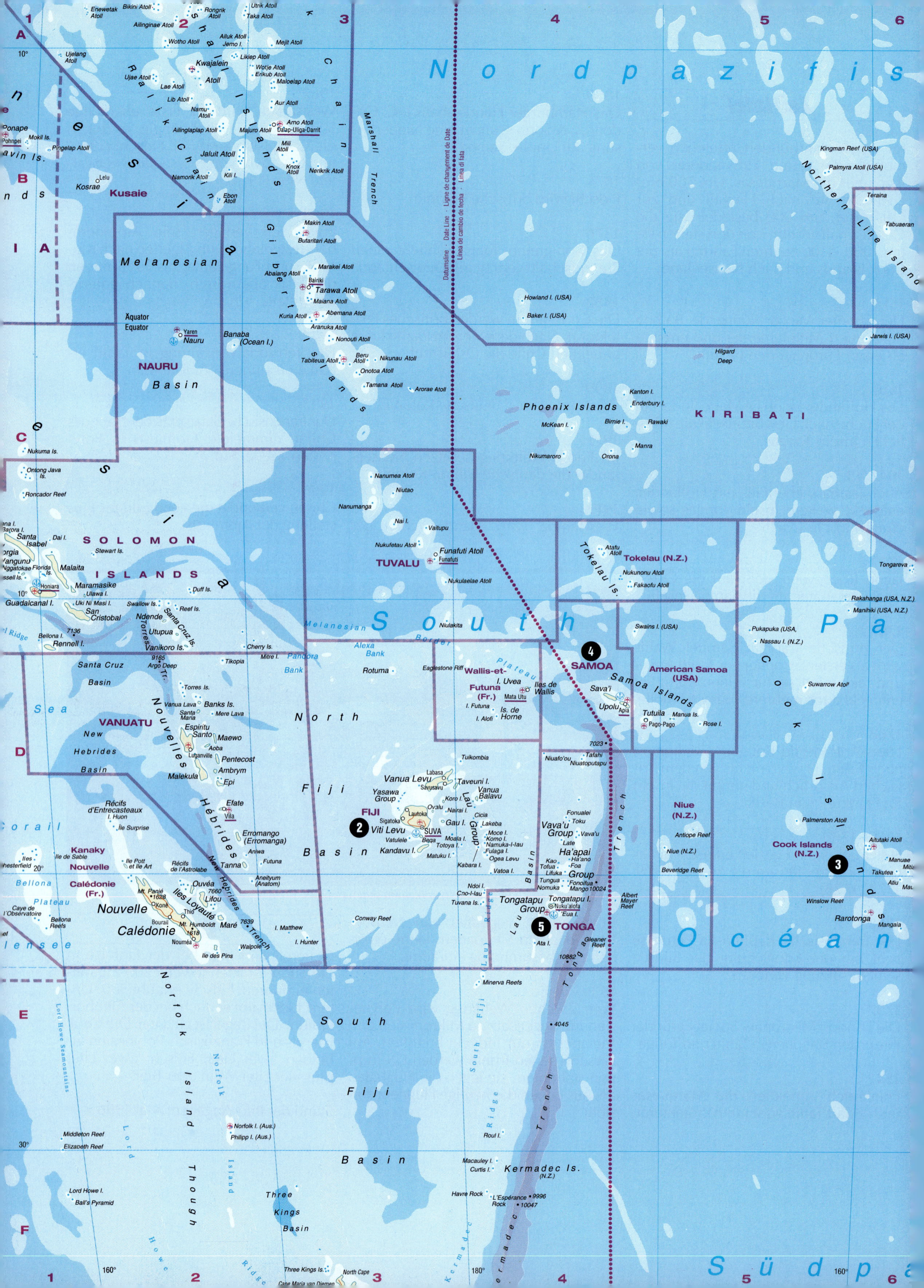

Nordpazifis
Marshall Islands
Ralik Chain
Ratak Chain
Marshall Trench
Enewetak Atoll
Bikini Atoll
Rongrik Atoll
Utrik Atoll
Taka Atoll
Ailinginae Atoll
Ailuk Atoll
Jemo I.
Mejit Atoll
Wotho Atoll
Likiep Atoll
Ujelang Atoll
Kwajalein Atoll
Wotje Atoll
Erikub Atoll
Ujae Atoll
Maloelap Atoll
Lae Atoll
Lib Atoll
Aur Atoll
Namu Atoll
Ailinglaplap Atoll
Majuro Atoll
Arno Atoll
Dalap-Uliga-Darrit
Jaluit Atoll
Mili Atoll
Knox Atoll
Namorik Atoll
Kili I.
Nerikrik Atoll
Ebon Atoll
Ponape
Pohnpei
Mokil Is.
Pingelap Atoll
Kosrae
Lelu
Kusaie
Micronesia
Melanesia
Melanesian
Äquator
Equator
Yaren
Nauru
NAURU
Basin
Banaba (Ocean I.)
Gilbert Islands
Makin Atoll
Butaritari Atoll
Marakei Atoll
Abaiang Atoll
Bairiki
Tarawa Atoll
Maiana Atoll
Kuria Atoll
Abemana Atoll
Aranuka Atoll
Nonouti Atoll
Tabiteua Atoll
Beru Atoll
Nikunau Atoll
Onotoa Atoll
Tamana Atoll
Arorae Atoll
Datumsgrenze · Date Line · Ligne de changement de Date
Línea de cambio de fecha · Linea di data
Howland I. (USA)
Baker I. (USA)
Kingman Reef (USA)
Palmyra Atoll (USA)
Northern Line Islands
Teraina
Tabuaeran
Jarvis I. (USA)
Hilgard Deep
Phoenix Islands
Kanton I.
Enderbury I.
McKean I.
Birnie I.
Rawaki
Manra
Nikumaroro
Orona
KIRIBATI
Nukumanu Is.
Ontong Java Is.
Roncador Reef
Santa Isabel
Malaita
SOLOMON ISLANDS
Stewart Is.
Honiara
Guadalcanal I.
Maramasike
Ulawa I.
Uki Ni Masi I.
San Cristobal
Duff Is.
Swallow Is.
Reef Is.
Ndende
Santa Cruz Is.
Utupua
Vanikoro Is.
Bellona I.
Rennell I.
Cherry Is.
Mitre I.
Tikopia
Santa Cruz Basin
Torres Tr.
Argo Deep
Torres Is.
Banks Is.
Vanua Lava
Mere Lava
Santa Maria
Espiritu Santo
Maewo
Aoba
Luganville
Pentecost
Ambrym
Malekula
Epi
VANUATU
New Hebrides Basin
Nouvelles Hébrides
Efate
Vila
Erromango (Erromanga)
Aniwa
Futuna
Tanna
Aneityum (Anatom)
New Hebrides Trench
Coral Sea
Récifs d'Entrecasteaux
I. Huon
Ile Surprise
Kanaky
Nouvelle
Calédonie (Fr.)
Ile de Sable
Ile Pott et Ile Art
Récifs de l'Astrolabe
Ouvéa
Iles Loyauté
Lifou
Maré
Mt. Panié
Koné
Nouvelle Calédonie
Bourail
Mt. Humboldt
Nouméa
Ile des Pins
Walpole
I. Matthew
I. Hunter
Bellona Plateau
Bellona Reefs
Caye de l'Observatoire
Nanumea Atoll
Niutao
Nanumanga
Nui I.
Vaitupu
Nukufetau Atoll
TUVALU
Funafuti Atoll
Funafuti
Nukulaelae Atoll
Niulakita
South Pacific
Rotuma
Alexa Bank
Pandora Bank
Melanesian Border Plateau
Eaglestone Riff
Wallis-et-Futuna (Fr.)
I. Uvea
Mata Utu
Iles de Wallis
I. Futuna
I. Alofi
Is. de Horne
North Fiji Basin
Tokelau Is.
Tokelau (N.Z.)
Atafu Atoll
Nukunonu Atoll
Fakaofu Atoll
Swains I. (USA)
SAMOA
Samoa Islands
Sava'i
Upolu
Apia
American Samoa (USA)
Tutuila
Pago-Pago
Manua Is.
Rose I.
Tafahi
Niuatoputapu
Niuafo'ou
Tuikombia
Vanua Levu
Labasa
Savusavu
Taveuni I.
Vanua Balavu
Yasawa Group
FIJI
Lautoka
Viti Levu
Sigatoka
SUVA
Koro I.
Ovalau
Nairai I.
Gau I.
Cicia
Lakeba
Lau Group
Vatulele
Beqa
Kandavu I.
Moala I.
Totoya I.
Matuku I.
Moce I.
Komo I.
Namuka-I-Lau
Fulaga I.
Ogea Levu
Kabara I.
Vatoa I.
Ndoi I.
Ono-I-Lau
Tuvana Is.
Conway Reef
Lau Basin
Lau Ridge
Fonualei
Toku
Vava'u Group
Vava'u
Late
Ha'apai Group
Ha'ano
Kao
Tofua
Foa
Lifuka
Tungua
Nomuka
Fonuifua
Mango
Tongatapu Group
Tongatapu I.
Nuku'alofa
'Eua I.
TONGA
Ata I.
Gleaner Reef
Albert Mayer Reef
Tonga Trench
Minerva Reefs
Niue (N.Z.)
Antiope Reef
Niue (N.Z.)
Beveridge Reef
Pukapuka (USA, N.Z.)
Nassau I. (N.Z.)
Cook Islands
Tongareva
Rakahanga (USA, N.Z.)
Manihiki (USA, N.Z.)
Suwarrow Atoll
Palmerston Atoll
Aitutaki Atoll
Cook Islands (N.Z.)
Manuae
Takutea
Atiu
Winslow Reef
Rarotonga
Mangaia
Océan
Südpa
Tasmansee
South Fiji Basin
South Fiji Ridge
Norfolk Island Ridge
Norfolk Ridge
Norfolk I. (Aus.)
Philipp I. (Aus.)
Middleton Reef
Elizabeth Reef
Lord Howe Seamountains
Lord Howe Rise
Lord Howe I.
Ball's Pyramid
Three Kings Basin
Three Kings Is.
North Cape
Cape Maria van Diemen
Raoul I.
Macauley I.
Curtis I.
Kermadec Is. (N.Z.)
Havre Rock
L'Espérance Rock
Kermadec Ridge
Kermadec Trench
Though
10°
20°
30°
160°
180°
160°
A
B
C
D
E
F
1
2
3
4
5
6

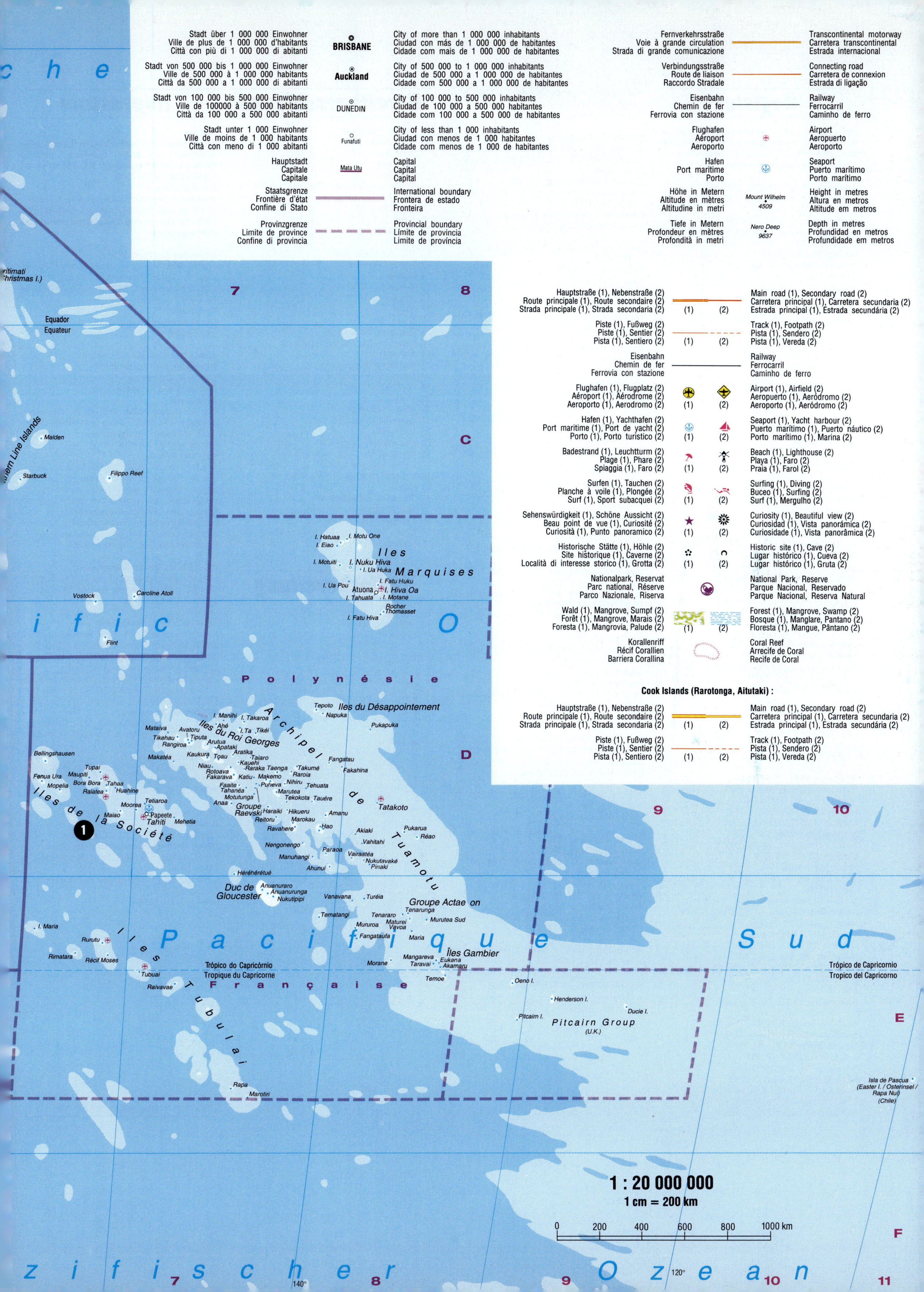

Stadt über 1 000 000 Einwohner
Ville de plus de 1 000 000 d'habitants
Città con più di 1 000 000 di abitanti
BRISBANE
City of more than 1 000 000 inhabitants
Ciudad con más de 1 000 000 de habitantes
Cidade com mais de 1 000 000 de habitantes
Stadt von 500 000 bis 1 000 000 Einwohner
Ville de 500 000 à 1 000 000 habitants
Città da 500 000 a 1 000 000 di abitanti
Auckland
City of 500 000 to 1 000 000 inhabitants
Ciudad de 500 000 a 1 000 000 de habitantes
Cidade com 500 000 a 1 000 000 de habitantes
Stadt von 100 000 bis 500 000 Einwohner
Ville de 100000 à 500 000 habitants
Città da 100 000 a 500 000 abitanti
DUNEDIN
City of 100 000 to 500 000 inhabitants
Ciudad de 100 000 a 500 000 habitantes
Cidade com 100 000 a 500 000 de habitantes
Stadt unter 1 000 Einwohner
Ville de moins de 1 000 habitants
Città con meno di 1 000 abitanti
Funafuti
City of less than 1 000 inhabitants
Ciudad con menos de 1 000 habitantes
Cidade com menos de 1 000 de habitantes
Hauptstadt
Capitale
Capitale
Mata Utu
Capital
Capital
Capital
Staatsgrenze
Frontière d'état
Confine di Stato
International boundary
Frontera de estado
Fronteira
Provinzgrenze
Limite de province
Confine di provincia
Provincial boundary
Límite de provincia
Limite de província
Fernverkehrsstraße
Voie à grande circulation
Strada di grande comunicazione
Transcontinental motorway
Carretera transcontinental
Estrada internacional
Verbindungsstraße
Route de liaison
Raccordo Stradale
Connecting road
Carretera de conexion
Estrada de ligação
Eisenbahn
Chemin de fer
Ferrovia con stazione
Railway
Ferrocarril
Caminho de ferro
Flughafen
Aéroport
Aeroporto
Airport
Aeropuerto
Aeroporto
Hafen
Port maritime
Porto
Seaport
Puerto marítimo
Porto marítimo
Höhe in Metern
Altitude en mètres
Altitudine in metri
Mount Wilhelm
4509
Height in metres
Altura en metros
Altitude em metros
Tiefe in Metern
Profondeur en mètres
Profondità in metri
Nero Deep
9637
Depth in metres
Profundidad en metros
Profundidade em metros
Hauptstraße (1), Nebenstraße (2)
Route principale (1), Route secondaire (2)
Strada principale (1), Strada secondaria (2)
Main road (1), Secondary road (2)
Carretera principal (1), Carretera secundaria (2)
Estrada principal (1), Estrada secundária (2)
Piste (1), Fußweg (2)
Piste (1), Sentier (2)
Pista (1), Sentiero (2)
Track (1), Footpath (2)
Pista (1), Sendero (2)
Pista (1), Vereda (2)
Eisenbahn
Chemin de fer
Ferrovia con stazione
Railway
Ferrocarril
Caminho de ferro
Flughafen (1), Flugplatz (2)
Aéroport (1), Aérodrome (2)
Aeroporto (1), Aerodromo (2)
Airport (1), Airfield (2)
Aeropuerto (1), Aeródromo (2)
Aeroporto (1), Aeródromo (2)
Hafen (1), Yachthafen (2)
Port maritime (1), Port de yacht (2)
Porto (1), Porto turistico (2)
Seaport (1), Yacht harbour (2)
Puerto marítimo (1), Puerto náutico (2)
Porto marítimo (1), Marina (2)
Badestrand (1), Leuchtturm (2)
Plage (1), Phare (2)
Spiaggia (1), Faro (2)
Beach (1), Lighthouse (2)
Playa (1), Faro (2)
Praia (1), Farol (2)
Surfen (1), Tauchen (2)
Planche à voile (1), Plongée (2)
Surf (1), Sport subacquei (2)
Surfing (1), Diving (2)
Buceo (1), Surfing (2)
Surf (1), Mergulho (2)
Sehenswürdigkeit (1), Schöne Aussicht (2)
Beau point de vue (1), Curiosité (2)
Curiosità (1), Punto panoramico (2)
Curiosity (1), Beautiful view (2)
Curiosidad (1), Vista panorámica (2)
Curiosidade (1), Vista panorâmica (2)
Historische Stätte (1), Höhle (2)
Site historique (1), Caverne (2)
Località di interesse storico (1), Grotta (2)
Historic site (1), Cave (2)
Lugar histórico (1), Cueva (2)
Lugar histórico (1), Gruta (2)
Nationalpark, Reservat
Parc national, Réserve
Parco Nazionale, Riserva
National Park, Reserve
Parque Nacional, Reservado
Parque Nacional, Reserva Natural
Wald (1), Mangrove, Sumpf (2)
Forêt (1), Mangrove, Marais (2)
Foresta (1), Mangrovia, Palude (2)
Forest (1), Mangrove, Swamp (2)
Bosque (1), Manglare, Pantano (2)
Floresta (1), Mangue, Pântano (2)
Korallenriff
Récif Corallien
Barriera Corallina
Coral Reef
Arrecife de Coral
Recife de Coral
Cook Islands (Rarotonga, Aitutaki) :
Hauptstraße (1), Nebenstraße (2)
Route principale (1), Route secondaire (2)
Strada principale (1), Strada secondaria (2)
Main road (1), Secondary road (2)
Carretera principal (1), Carretera secundaria (2)
Estrada principal (1), Estrada secundária (2)
Piste (1), Fußweg (2)
Piste (1), Sentier (2)
Pista (1), Sentiero (2)
Track (1), Footpath (2)
Pista (1), Sendero (2)
Pista (1), Vereda (2)
Equador
Equateur
Malden
Starbuck
Filippo Reef
Vostock
Caroline Atoll
Flint
I. Hatuaa
I. Motu One
I. Eiao
Iles Marquises
I. Motuiti
I. Nuku Hiva
I. Ua Huka
I. Ua Pou
Atuona
I. Hiva Oa
I. Fatu Huku
I. Tahuata
I. Motane
Rocher Thomasset
I. Fatu Hiva
Polynésie Française
Iles du Désappointement
Tepoto
Napuka
Pukapuka
Archipel de Tuamotu
Iles du Roi Georges
I. Manihi
I. Takaroa
I. Ahé
I. Ta Tikéi
Mataiva
Avatoru
Tikehau
Tiputa
Rangiroa
Arutua
Apataki
Aratika
Makatéa
Kaukura
Toau
Taiaro
Kauehi
Fangatau
Fakahina
Bellingshausen
Tupai
Maupiti
Bora Bora
Tahaa
Fenua Ura
Mopelia
Raiatea
Huahine
Iles de la Société
Moorea
Tetiaroa
Maiao
Papeete
Tahiti
Mehetia
Niau
Rotoava
Fakarava
Raraka
Taenga
Takumé
Raroia
Katiu
Makemo
Faaite
Tahanéa
Puheva
Nihiru
Tehuata
Motutunga
Marutea
Tekokota
Tauére
Anaa
Groupe Raevski
Haraiki
Hikueru
Reitoru
Marokau
Ravahere
Amanu
Tatakoto
Hao
Akiaki
Vahitahi
Pukarua
Réao
Nengonengo
Manuhangi
Paraoa
Ahunui
Vairaatéa
Nukutavaké
Pinaki
Héréhérétué
Duc de Gloucester
Anuanuraro
Anuanurunga
Nukutipipi
Vanavana
Turéia
Groupe Actaeon
Tenarunga
Tematangi
Tenararo
Maturei Vavoa
Murutea Sud
Muruora
Fangataufa
Maria
Iles Gambier
Mangareva
Taravai
Eukena
Akamaru
Morane
Temoe
I. Maria
Rurutu
Rimatara
Récif Moses
Iles Tubuai
Tubuai
Raivavae
Rapa
Marotiri
Trópico do Capricórnio
Tropique du Capricorne
Trópico de Capricornio
Tropico del Capricorno
Pacifique Sud
Oeno I.
Henderson I.
Ducie I.
Pitcairn I.
Pitcairn Group
(U.K.)
Isla de Pascua (Easter I. / Osterinsel / Rapa Nui) (Chile)
Pazifischer Ozean
1 : 20 000 000
1 cm = 200 km
0
200
400
600
800
1000 km
140°
120°
C
D
E
F
7
8
9
10
11

Register

Seitenzahlen, die auf Infoseiten hinweisen, sind **fett** gedruckt. Koordinaten in Klammern beziehen sich auf die Karte S. 112/113. Bei Orten ist der Inselname in Klammern vermerkt.

Bereits erschienen

1 Türkei – Südküste
2 Kalifornien
3 Tunesien
4 Thailand
5 New York
6 Türkei – Ägäisküste · Istanbul
7 Island
8 Marokko
9 Karibik
10 Hongkong
11 Florida
12 Bali · Lombok · Java
13 Kanadas Westen
14 Moskau
15 Kenia
16 Ägypten
17 Israel
18 Neuseeland
19 Singapur · Malaysia
20 New Orleans und die Südstaaten
21 Mexiko
22 Südafrika · Namibia
23 Japan
24 Hawaii
25 Himalaya
26 USA – Südwesten
27 Australien – Ostküste
28 Venezuela
29 Jordanien
30 Brasilien
31 USA – Nationalparks
32 Kanadas Osten – Québec · Ontario
33 Kuba
34 Sri Lanka und Malediven
35 Nordkalifornien · San Francisco
36 Vietnam
37 USA – Südstaaten · Washington D.C.
38 Südsee

In Vorbereitung

39 Südindien
40 Mittelamerika
41 Syrien

Impressum

Verlag:
HB Verlags- und Vertriebs-Gesellschaft mbH, Alsterufer 4, 20354 Hamburg, Postfach 30 06 60, 20347 Hamburg, Tel. 040/41 51-04, Telefax 040/41 51-32 31.
Geschäftsführer:
Kurt Bortz, Dr. Joachim Dreyer, Eike Schmidt

Redaktion und Produktion:
Harksheider Verlagsgesellschaft mbH, Fabersweg 1, 22848 Norderstedt, Postfach 52 49, 22822 Norderstedt, Tel. 040/52 88 62-0, Telefax 040/ 5 23 40 56
Redaktion:
Ulrike Klugmann (verantwortlich)
Jörg Gensel

Text: Klaus Viedebantt, Frankfurt
Fotografie: Fred Krüger, Berlin
Grafische Gestaltung:
Gerhard Keim, Frankfurt/Main
Kartografie:
Die Kartenausschnitte sind der Landkarte entnommen »Die Welt – Blickpunkt Pazifik« (ISBN 3-927-549-04-5) erschienen bei:
Kartographischer Verlag
Reinhard Ryborsch
D-63179 Obertshausen bei Frankfurt am Main
Für die Richtigkeit der in diesem HB-Bildatlas Special angegebenen Daten – Adressen, Öffnungszeiten, Telefonnummern usw. – kann der Verlag keine Garantie übernehmen.
Nachdruck, auch auszugsweise, nur mit ausdrücklicher Genehmigung des Verlages.
Erscheinungsweise: zweimonatlich

HB-Bildatlas Special Fotoservice:
Harksheider Verlagsgesellschaft mbH, Postfach 52 49, 22822 Norderstedt, Tel. 040/52 88 62-22, Telefax 040/5 23 40 56

Vertrieb Zeitschriftenhandel:
Partner Pressevertrieb GmbH, Postfach 81 04 20, 70521 Stuttgart, Telefon 07 11/72 52-2 10, Telefax 07 11/ 72 52-3 75
Vertrieb Abonnement und Einzelhefte:
Zenit Pressevertrieb GmbH, Postfach 81 06 40, 70523 Stuttgart, Telefon 07 11/72 52-1 98, Telefax 07 11/72 52-3 33
Vertrieb Buchhandel:
Mairs Geographischer Verlag, Marco-Polo-Zentrum, D-73760 Ostfildern, Telefon 07 11/45 02-0, Telefax 07 11/ 45 02-340
Anzeigenalleinverkauf:
KV Kommunalverlag GmbH, Postfach 81 05 65, 81905 München, Telefon 089/92 80 96-24, Telefax 089/92 80 96-20

Satz: Lübecker Fotosatz GmbH, Lübeck
Reproduktionen:
Otterbach Repro GmbH & Co., Rastatt
Druck und buchbinderische Verarbeitung:
Klett Druck H. S. GmbH, Fritz-Klett-Str. 61–65, 71404 Korb
Gedruckt auf chlorfrei gebleichtem Papier
Printed in Germany
ISBN 3-616-06438-4

Titelbild: Strandspaziergang auf Aitutaki